U0089564

古代歷史文化研究輯刊

二六編

王明蓀 主編

第 25 冊

清代官帽頂戴研究：
以臺灣考古出土與傳世文物為例（下）

廖伯豪 著

國家圖書館出版品預行編目資料

清代官帽頂戴研究：以臺灣考古出土與傳世文物為例（下）
／廖伯豪 著 -- 初版 -- 新北市：花木蘭文化事業有限公司，
2021〔民110〕
目 10+148 面；19×26 公分
（古代歷史文化研究輯刊 二六編；第 25 冊）
ISBN 978-986-518-608-1（精裝）
1. 文物研究 2. 帽 3. 佩飾 4. 清代
618   110011831

古代歷史文化研究輯刊
二六編　第二五冊　　　　　ISBN：978-986-518-608-1

清代官帽頂戴研究：
以臺灣考古出土與傳世文物為例(下)

作　　者　廖伯豪
主　　編　王明蓀
總 編 輯　杜潔祥
副總編輯　楊嘉樂
編　　輯　許郁翎、張雅淋、潘玟靜　美術編輯　陳逸婷
出　　版　花木蘭文化事業有限公司
發 行 人　高小娟
聯絡地址　235 新北市中和區中安街七二號十三樓
　　　　　電話：02-2923-1455 ／傳真：02-2923-1452
網　　址　http://www.huamulan.tw 信箱 service@huamulans.com
印　　刷　普羅文化出版廣告事業
初　　版　2021 年 9 月
全書字數　185357 字
定　　價　二六編 32 冊（精裝）台幣 88,000 元

清代官帽頂戴研究：
以臺灣考古出土與傳世文物為例（下）

廖伯豪　著

目次

表目次

第捌章　清代中國與臺灣官員頂戴與官帽使用文化

一、清代官員頂戴的取得來源與使用模式

頂戴做為清代朝廷授予官員政治、社會地位與名譽恩寵的象徵，故在冠服制度訂定以來，一直做為官方的服儀重器。因此頂戴的取得與使用方式，可以具體反映官員制度所延伸出的特殊物質文化。

（一）清代頂戴的生產來源

在討論官員如何獲得頂戴的方式之前，首先得先說明頂戴的生產來源。若從現有的文獻與傳世文物來觀察，可以知道頂戴主要有兩個生產機制，首先為官方生產，即所謂清宮造辦處所製作的頂戴，主要提供皇帝欽賜頒賞之用。透過《內務府造辦處各作成做活計檔》（以下簡稱「活計檔」）的記錄，宮廷頂戴主要透過「玉作」、「金玉作」來成做，故偶見有皇帝不定期命造辦處傳作備用帽頂以供隨時賞賜之用，另頂戴重新配製等周邊事宜亦會交辦「鍍金作」成做。

第二個來源則為民間生產，透過傳世的官帽與頂戴實物中，其座底螺絲頭圓片上不乏有鏨刻或戳記以店號的的案例，可知當時坊間亦有帽頂的製作與販售，其中又以此一形式生產的帽頂（包含歷史傳世或私人收藏）傳世數量最大，關於民間生產的頂戴產地，筆者會在後面關於〈官帽與頂戴的店舖與販售〉一節繼續討論。

（二）清代官員的獲頂模式

釐清以上兩種頂戴的生產來源後，便可進一步理解官員的獲頂模式，清代官員主要分成朝廷頒贈與私自購置兩種方式取得帽頂，其中又以朝廷頒贈帽頂的形式多樣，為配合論文主題，筆者選用清代與臺灣相關奏摺舉例：

1. 朝廷頒頂

（1）皇帝欽賜帽頂之例

即由皇帝親自下旨針對特定官員直接賞賜帽頂者，多為屢獲重大戰功、晉封爵銜，亦或是欽命高級官員晉陞授職等項目，故在清宮檔案或活計檔冊中可見皇帝欽「賞」、「賞賜」、「賞給」帽頂等用語。

以福康安、與海蘭察為例，其奉命領兵赴臺平定林爽文之亂，沿途將處處村莊屯聚之賊匪痛加殲殺直抵縣城，最後於乾隆五十二年（1787）十一月初六將賊人存貯粮米運入縣城以解救嘉義縣城之圍，乾隆皇帝於十二月十四日上諭：

> 此皆福康安等調度有方、振作士氣、用能克敵，致果迅奏捷音，自應優加寵錫。福康安、海蘭察俱現係侯爵者，晉封公爵，各賞紅寶石帽頂、四團龍補褂以示優異……。〔註1〕

文中可見嘉義縣城突圍大捷，乾隆皇帝賜福康安與海蘭察晉陞爵位，兩人除獲賞寶石帽頂外，乾隆甚至特頒四團龍補褂。此款補褂為皇帝與親郡王御用，一般官員非皇帝賞賜不得擁有，獲賞官員亦不能隨時擅自穿用。此時紅寶石帽頂與團龍褂一同作為賞賜之物，顯示福康安等人更比一般官員直接受到皇帝的聖眷。〔註2〕

（2）官員頒贈帽頂之例

即由地方首長、欽差大臣或朝廷部院專職官員間接奉命頒贈，以顯皇恩，如獎賞有功官兵、嘉勉地方人士捐輸銀兩穀石予朝廷、表彰八十歲以上德高年紹之老生員、士子恩科中舉者……等項目，在清宮檔案中即常見中央回覆承辦官員按例「給予」、「給與」或「給以」帽頂之指令。

〔註1〕 引自中國第一歷史檔案館、海峽兩岸出版交流中心，《明清宮藏臺灣檔案匯編》（80 冊），北京：九州出版社，2008 年 8 月，頁 12～13。

〔註2〕 在此之前的同年十月初二至十一月初二間，乾隆皇帝已陸續賞賜蟒袍、元狐暖冠等物給福康安，充分顯示乾隆皇帝對福康安的寵愛。見中國第一歷史檔案館、海峽兩岸出版交流中心，《明清宮藏臺灣檔案匯編》（78 冊），頁 244～245；《明清宮藏臺灣檔案匯編》（79 冊），頁 1～10。

　　乾隆五十五年（1790）四月二十日閩浙總督覺羅拉納起奏，由臺灣府內各廳縣彙整報銷朝廷平定林爽文之亂期間，由參贊恆瑞採辦獎賞有功官兵、義民之銀牌、帽頂、賞番物件、藥料、心紅、紙張及支領養廉銀等所用耗銀清冊：

> 本司等查參贊恆瑞軍營飭辦銀牌、帽頂，給賞出力官兵、義民以示
> 鼓勵，當經臺灣局辦解應用詳報，咨部有案。……通計製辦銀牌、
> 帽頂，共用銀貳佰捌拾玖兩捌錢陸分捌釐……。〔註3〕

文中提及此次平定林爽文之亂，為於戰時隨時犒賞有功官兵，由臺灣府率廳、縣級衙門負責買辦獎賞之物，其中包含頂戴與銀牌等物。由此可以得知在征戰時，經過皇帝的特許之下，決策官員有權力及時論功賞給官兵頂戴，但同時得事先自行買辦所需的頂戴數量，事後再向朝廷進行核銷。

　　關於獎賞地方民間人士捐輸銀兩穀石予朝廷，以道光四年（1824）八月五日上諭為例：

> 據戶部議覆御史條陳，採買臺米，降旨令福建巡撫孫爾準查看情形
> 辦理。其臺灣商人急公應募，遠歷海洋運米至十四萬石之多。該撫
> 孫爾準秉公查明，擇其率領辦運資本最多、尤為出力者，分別生監、
> 民人給予頂帶（戴）、職銜及酌量獎賞。〔註4〕

該案例由戶部下達皇上旨意，為獎賞臺灣商人急公好義之舉，直接授權福建巡撫負責辦理獎賞出力有功生監、民人頂戴、職銜事宜，並囑咐酌量獎賞。

　　獎勵年邁高紹生監，賞給八品頂戴之例，見乾隆二年（1737）三月十六日福建巡撫盧焯奏：

> 揭報閩省八十以上生監，福州府學生員林英等十二名均係年高德
> 劭、品行循良、允符恩例，堪給八品頂帶榮身。併聲明臺灣等六府
> 並龍巖州，覆無合例生監堪以舉報。〔註5〕

原本生監應配戴素銀頂，但朝廷念年老生員年高德劭、品行良好，故要求國內各省巡撫提報符合其資格者，並給予八品的花金頂榮身。其中福建省僅提報福州府學內生員十二名，轄內包含臺灣等六府及龍巖州則未有符合資格者。

〔註3〕引自臺灣歷史博物館，《明清臺灣檔案彙編》（第三輯・39 冊），臺北：遠流
　　　　出版社，2007 年 12 月，頁 182～184。
〔註4〕引自中央研究院歷史語言研究所「內閣大庫檔案」，登錄號：278634-070。
〔註5〕引自中央研究院歷史語言研究所「內閣大庫檔案」，登錄號：012730-001。

2. 私自購置

即僅給予配戴帽頂之資格（執照、印信），官方可能不另行提供帽頂，需受官者自行備置，〔註6〕如地方官員例行性升遷換用頂戴、獎勵候補官員晉陞先行戴（換）用頂戴等。

相關案例見同治三年（1864）五月十一日上諭：

> 林文察奏官軍擒斬逆首、彰化解圍，請將出力員弁獎勵一摺。林文察等帶隊擊賊，擒獲逆首陳在、楊金環，乘勢克伏市仔尾、犁頭店等處。參將楊得升著以副將儘先補用，先換頂戴……。〔註7〕

該文顯示林文察率兵平定戴潮春事件後，為獎勵有功官兵，其中參將（為正三品）楊得升獲升副將（從二品），但當時尚未出缺，故先准許楊氏得以先行換用二品頂戴之權利，事後再儘快給予遞補副將實缺。

另一例見光緒十四年（1888）六月十九日福建臺灣巡撫劉銘傳為開辦臺島清丈田賦，並於事後針對出力官員奏請獎賞：

> 所有由為出力之臺灣布政使（從二品）邵友濂，擬請加賞頭品（一品）頂戴……補用知府候補同知現任淡水縣知縣（正七品）汪興禕，擬請俟歸知府班後加鹽運使（從三品）銜，並先賞換知府（從四品）頂戴。〔註8〕

上引文針對官員晉陞項目中，見原為從二品臺灣布政使的邵友濂因獲「賞加」頭品頂戴晉陞一品頭銜。同時，身為正七品官職淡水縣知縣的汪興禕，由於處於候補知府缺，故開恩先准許先行換用知府的四品頂戴，待正式任知府職時還可再加鹽運使銜（從三品官銜）。〔註9〕因此可知，朝廷授權官員先行換用更高品級的頂戴，使該官員雖未就任新職，但可以彰顯蒙獲晉陞恩寵之

〔註6〕類似僅給予穿戴權力而非給予實物的模式，見清代黃馬褂之賞賜亦有「賞給黃馬褂」及「賞穿黃馬褂」兩種模式，前者即賞給黃馬褂一件，不得自製服用；後者則給予穿用之權利，若馬褂穿破了，可以再自製（備置）服用。王彥章，《清代獎賞制度研究》，安徽：安徽人民出版社，2007年9月，頁48。

〔註7〕引自中央研究院歷史語言研究所「內閣大庫檔案」，登錄號：278607-023。

〔註8〕臺灣史料集成編輯委員會，《明清臺灣檔案彙編》（95冊），臺南：臺灣歷史博物館，2009年10月31日，頁238～240。

〔註9〕相同案例見光緒十六年六月七日劉銘傳亦又對清丈田賦之出力紳員請奏獎賞，其中亦同時出現選用縣丞、候選、候補官員「賞加」與「先換」五品、六品官職頂戴的獎勵方式，可能反應清代官員晉陞品級時，由官方直接賞給頂戴，而候補職缺時准許待晉陞官員先自行換用頂戴。臺灣史料集成編輯委員會，《明清臺灣檔案彙編》（97冊），頁329、330、331、333。

實，作為朝廷對有功官員的優卹嘉獎。

（三）清代官員的摘（革）頂模式

除了給予帽頂之例外，官員被遭到撤除頂戴的案例亦時有所聞，一般而言有幾種情況，第一種為官員失職獲罪遭革職並「革（摘）去頂戴」或留職戴罪而「摘去帽頂」者；第二種為未善盡交辦任務官員遭皇帝沒收成命；第三種為官員交辦完成而恢復原職者，後二者皆須向朝廷「繳回帽頂」。此外，遭革（摘）除之頂戴亦可透過官員將功折罪或開復的方式復還，即「賞還」或「開復」原品頂戴（帶），以下就兩種情形舉例說明。

1. 頂戴革去與復還之例

此種官員移除頂戴之例屬於負面案例，見道光十九（1839）年六月戶部回覆閩浙總督鍾祥等奏：「請將道光十七年分內地兵糧延未運清之臺灣廳員摘去頂戴，勒限雇運。奉上諭福建臺防同知全卜年等均著摘去頂戴。」〔註10〕該奏摺反映臺灣地方官員延遲兵糧運送，未善盡職責，故遭總督上奏彈劾而革去頂戴。

另《官場現形記》第二十一回〈反本透贏當場出彩・弄巧成拙驀地撤差〉中署院大人訓示劉大侉子橋段中寫道：

> 劉大侉子哭著回道：「大人教訓的話，都同職道父親的話一樣。總怪職道不長進，職道該死！求大人今天就參掉職道的官，了好替職道消點罪孽，就是職道父親在九泉之下也是感激大人的。」說完了這兩句，便從頭上把自己大帽子抓了下來，親自動手，把個二品頂戴旋了下來。嘴裡說道：「職道把這個官交還了大人。大人是職道父執一輩子的人，職道就同大人子侄一樣。職道情願不做官，跟著大人，伺候大人，可以常常聽大人的教訓。〔註11〕

文中劉大侉子以苦肉計自摘二品頂戴作勢自我參劾革職，引得署院大人動容。雖為小說橋段，卻也切實反映清代所謂官員「革去頂戴」，即明示被革官員運用頂戴本身的螺絲拴合的結構設計，將頂戴自官帽上「旋」下來，以代表褫奪官員擁有職銜及品階的權利。

然而官員在遭到革職摘頂後，亦可以透過將功贖罪的方式重新獲得原屬

〔註10〕引自中央研究院歷史語言研究所「內閣大庫檔案」，登錄號：129160-001。

〔註11〕清・李寶嘉，《官場現形記》（上冊），臺北：臺灣古籍，2004 年 2 月，頁 364
　　　　～365。

的頂戴冠服以茲獎勵。關於官員革去頂戴後又戴罪立功復得的實際案例，見乾隆五十二年（1787）十月二十三日一道上諭：

> 因洋面盜劫頻聞，兼之粵兵經過海澄縣被盜，均係金門鎮所轄。是以將該鎮羅英笈革去頂帶，勒限嚴緝。今該鎮屢次出洋，拏獲多盜。尚屬奮勉，著加恩賞還頂帶以示獎勵……。〔註12〕

另一筆失而復得頂戴的案例見道光十六年（1836）二月十五日吏部奉上諭：

> 福建臺灣所屬嘉義縣知縣熊飛、彰化縣知縣李廷璧被參後徵解。道光十三年（1833）、十四年（1834）分兵穀載運內渡，並無貽誤，原摘頂戴著一併開復。〔註13〕

以上兩筆皆屬地方官員皆未善盡職守，故被摘去頂戴，但應屬革頂留任，因此繼續在自己的崗位任職，待之後考察表現優良者，再「賞還」或「開復」配用頂戴之權利。

2. 由功轉罰而遭沒收頂戴之例

此種案例較為特殊，即官員因完成上差任務，由皇帝欽賜封賞帽頂，但之後被發現該任務並未善盡，最後由皇帝再下旨收回成命，將帽頂收回。實例見乾隆五十三年（1788），兩廣總督孫士毅奉命赴安南國助國王黎維祁解黎城之圍，原本孫氏順利將安南山西軍阮惠等人擊退有功，皇帝命孫氏速撤回中國並比照阿桂、福康安封賞之例，晉封公爵並賞賜紅寶石帽頂。

然而孫士毅為求好心切，竟未及時撤兵回國，期待能緝拿阮惠。至隔年春節，阮惠再次率兵攻城，清軍撤退不及，致折兵損將者眾。清高宗以順應天命為由，認為此次失利屬天厭黎氏所致，而皇帝與孫士毅皆難辭其咎，並嘆孫氏貪圖功勞且粗心大意，故將「所有孫士毅前封公爵、所賞紅寶石帽頂，俱著撤回，並著來京另用。兩廣總督原缺已令降旨，將福康安調補。」〔註14〕

3. 按例給頂與繳還之例

此種移除頂戴的方式則較為正當，吳振棫的《養吉齋叢錄》曾經提到：

> 封使之服，前明給事中以麒麟，行人以白澤。本朝康熙五十八年

〔註12〕中國第一歷史檔案館、海峽兩岸出版交流中心，《明清宮藏臺灣檔案匯編》（78冊），頁201。
〔註13〕引自中央研究院歷史語言研究所「內閣大庫檔案」，登錄號：135552-001。
〔註14〕引自中央研究院歷史語言研究所，「內閣大庫檔案」，登錄號：144683-001。

（1719），海、徐二公出使，始用東珠帽頂。正、副使皆賜正一品麒
麟服，事畢還朝，仍服原官補服。跟役、正使二十人，副使十五人，
皆例給頂戴。〔註15〕

明清以來，中國為鞏固與周邊藩屬國的主從關係，凡遇到藩國新王登基或世
子、妃冊命時，會派任使節赴琉球、朝鮮等藩屬國進行冊封儀式，並賞賜冠
服、寶冊及贈禮。其正、副使官員需皆著正一品冠服表明冊封儀式的高規
格，同時彰顯天朝上國之隆重。然而，對中國朝廷而言，冊封使僅屬臨時欽
差，往往由朝中其它較低階官員充任。由於是例行性的邦交活動，在執行公
務期間，朝廷會頒賜負責官員一品冠服。一旦冊封儀式結束回朝後，得另需
繳還，恢復原本官職穿戴。

（四）會典訂定頂戴的戴用規則

按《大清會典事例》的規定，清代官員頂戴須按照自身官職的品秩使用，
即「凡內外文武大小官員，帽頂、補服、座褥悉照本身現任品級，不得計算加
級僭越服用。」〔註16〕但有時仍會遇到官員受封品銜與現任官職不對等的情
況，此時得先依照該官員所受誥封的爵位與品銜而定，次而視其職位之品秩
穿用頂戴補服。若該官員受封品銜高於現任職秩，則享有配戴最高品銜冠服
的權利，即「大銜借補小秩者，各照本銜戴用」〔註17〕的原則。

然而，進士舉人則不適用上述原則，《大清會典事例》同時提到：「進士
舉人除授八九品小京官教職者，均令其仍用進士舉人素金頂，並七品補服。
其由進士舉人出身，降補佐雜等官，照現任品級戴用，不得仍用進士舉人頂
戴」〔註18〕即進士舉人冠服原本同七品官員品秩，若受派任職八九品的低階
官職，需應當換用符合新官職品秩之冠服。

關於官員的頂戴相關處分規則，若官員事逢變故，遭革職者亦有「革職
留原任者，仍視原品。革職官無封銜者，原品冠服不得用。」〔註19〕之規
定，意即遭革職留任之官員，僅失去職權但仍保留職位，故仍得以服用該品

〔註15〕（清）吳振棫，《養吉齋叢錄》，北京：中華書局，2005年12月，頁285。
〔註16〕（光緒朝）《欽定大清會典事例》，臺北：新文豐出版社，1976年，卷328，頁9470。
〔註17〕（光緒朝）《欽定大清會典事例》，臺北：新文豐出版社，1976年，卷328，頁9480。
〔註18〕同前註，卷328，頁9480。
〔註19〕同前註，卷328，頁9470。

銜官服。若革職官員尚未受封品銜者，則同時喪失配戴該品銜冠服的權利，故官員有無誥敕封號對其自身仕途地位的鞏固，〔註20〕佔有非常重要的保障作用。

二、中國清代頂戴與官帽的生產與消費現象

關於清代中國官帽與頂戴的生產地點與銷售方式，由於現有的歷史文獻數量有限且較為分散，故目前學界尚未有專門的文章討論。相關的研究見賴惠敏的〈乾隆朝內務府的皮貨買賣與京城時尚〉，其針對獸皮與清宮服飾的關係進行討論，宮中獸皮的進口與流通皆由內務府統一控管，故留下官方完整的紀錄，然而文中未提到皮貨進入中國後，各地生產獸皮煖冠的概況。因此以下筆者針對清代頂戴與官帽，分別從生產與銷售的角度進行初步的論述：

（一）清代的頂戴與官帽的生產

1. 頂戴的生產來源

關於頂戴的生產來源，目前僅有清宮《活計檔》明文記載，內廷造辦處金玉作承造御用與賞賜官員用帽頂的紀錄。然而，頂戴作為通行全國的官方服飾用品，其具有一定規模的需求，若光靠內廷造辦處的產量，應不足以應付全國官員的使用替換。舉例來說，嘉慶年間朝廷查抄和珅家產時，即查獲珊瑚帽頂八十一枚，〔註21〕一個人能夠擁有如此大量的頂戴收藏，其中可能包含自行購買、其他官員餽贈等而得，而店鋪則做為最直接的供應管道，〔註22〕以下針對民間頂戴的產地與生產模式進行推論。

（1）民間頂戴的可能產地

透過文獻與文物的觀察，可以明確知道民間存在販售頂戴的商販，以及官員私自購賣頂戴的行為。同時，頂戴的零件結構具有規格化的特徵，且特定形制與裝飾風格的頂戴，皆可在中國各地甚臺灣的墓葬與傳世文物見到，因此不排除有區域專業分工及量產的製作模式，最後流通全國各地。然而，目前尚未有文獻具體的紀錄頂戴生產及物流方式，故筆者僅能透過中國各地

〔註20〕五品以上官員封典授以誥命、六品以下官員授以敕命，文武官員請封頒給為一年一次，由吏部（文職）、兵部（武職）隨時查核，分別題咨，造具揭帖，揭送內閣撰給誥敕。王彥章，《清代獎賞制度研究》，頁37。

〔註21〕（清）周壽堂，《思益堂日札》（《續修四庫全書》），上海：上海古籍出版社，2002年，頁403～404。

〔註22〕朱漢生，《清代皇帝與文官服飾之研究》，頁54～55。

的手工業專長進行推論。

　　若從製作工藝的角度思考，清代頂戴結合了螺絲零件製作、玻璃製作與金工製作的工藝，其中螺絲與玻璃器製作皆有專門的生產區域，或許能做為頂戴生產的必要條件。關於螺絲的製作，承本文第柒章所述，其因應西洋鐘錶等精密儀器的維修與生產有直接的關聯，是為重要的零件結構。而中國的鐘錶的加工、維修與製作主要集中在北京、蘇州及廣東地區，勢必帶動零件的生產。此外，蘇州、廣州地區皆為銅器鑄造、金銀加工的生產基地，〔註23〕因此也促進了精密零件與細金工藝的發展。

　　巧合的是，考慮頂戴頂珠的玻璃與寶石材質，北京、蘇州與廣州亦同時作為玻璃加工的生產地區，其中北京以清宮琉璃廠之玻璃器品質最高，其製作原料與工匠多來自山東博山地區，因此承襲了山東博山玻璃的製作工藝。廣州作為首先接觸西方玻璃燒造技術的地區，除了原本以本地礦物原料燒製的「土玻璃」外，亦應用國外進口的玻璃碎片重新熔製玻璃器皿，同時也製作維修鐘錶所用的玻璃片與玻璃鐘罩等件。蘇州則受到廣州地區的影響，使用燒熔碎玻璃的方式製作琉璃燈，並做為銷售其它省份的主流玻璃製品。由此可知清代中國南北方地區，皆已具備燒製玻璃器皿的實力，只是各地玻璃原料品質與主要生產品項有所差異。

　　此外，廣州為海外珊瑚、寶石、象牙、鐘錶等舶來品進口與加工之地；蘇州亦以玉作稱著，兩地各設有粵海關、織造局等單位，從關差與織造官員按例上貢入宮的物品項目中，即有鐘錶、朝珠、寶石如意等珠寶製品甚至是服飾等貢品，可見蘇廣地區各作手工業之發達。〔註24〕

　　（2）民間頂戴生產的專業分工現象

　　段本洛、張圻福《蘇州工業史》在論述蘇州手工業的發展模式時，曾提到清代康熙、雍正、乾隆年間，隨著商品經濟的繁榮和蘇州居民的增加，一

〔註23〕蘇州銀樓作坊製作金銀首飾、器皿，一向以精工細作著稱，其製作工藝包含鏨子（鏨刻）、收挑、纍絲、包金、鍍金、鑲嵌、套色、發藍（琺瑯）、點翠等各項專業。（段本洛、張圻福，《蘇州手工業史》，江蘇：新華書店，1986年9月，頁83）此外，學者張林杰亦提到廣州的金工特點，認為廣州銅鍍金器以平滑光亮取勝，在借鏡歐洲鍍金技術後改進傳統的火鍍法，其光澤、厚度均與造辦處、蘇州、揚州的銅鍍金不同，更顯富麗堂皇。（張林杰，〈粵海精粹——清代廣東貢品一瞥〉，《紫禁城》，2006年第2期，頁52）

〔註24〕張林杰，〈粵海精粹——清代廣東貢品一瞥〉，頁50。

些生產生活日用品的手工業和服務性行業相應地發達起來，其中部分傳統手工業在生產過程中的某些工序逐漸分裂成專門的行業。〔註 25〕若以蘇州製鐘錶為例，由於鐘錶的結構複雜、零件眾多，為加快製鐘速度，如時鐘的機殼、機蕊、鐘碗、鍊條等零件則必須托人配合協作，因此形成專門製造零件的店家。嘉慶年間蘇州有一家鐘碗零件作坊「張榮記」，其鐘碗零件之精良甚至可以銷售至其它諸如四川、北京、天津、杭州、南京、揚州、上海等地製鐘舖，另作組裝。〔註 26〕

上述訊息顯示清代中國在手工藝品的製作，出現了專業分工的現象，更透露了專門生產的各別零件，亦可同時向其它省份流通並進行組裝成品販售。此一模式不禁使筆者考慮到頂戴作為多零件組合的特質，其頂珠、頂座與拴合結構，亦可能透過專業分工的方法製作而成，即民間首飾店鋪分別進口玻璃、寶石頂珠與拴合結構，再由首飾店家進行座底與座托的製作，最後鏨刻店號以後組合成頂戴販售。

2. 清代官帽的生產來源

清代的煖帽與涼帽製作源自於北方地區，隨著入關以後，薙髮制度的強制執行亦促使涼帽與煖帽使用在全國普及，故筆者亦嘗試透過中國地區手工藝商品與生產特點進行推論。

（1）涼帽

關於涼帽的製作產地，其運用了草木纖維編織、織品裁縫與毛料染色等多重材質與工藝技法，故涉及到清代整體編織業產業與織品產業的銷售與流通概況，亦可另闢專門的文章探討。大抵來說，除了高品質原料德勒蘇草需從東北或內蒙古進口外，〔註 27〕一般以藤、竹、草原料編織各式器物為清代中國基礎的農村產業，故基本上全國各省皆可製作。

唯有較高級的官用朝冠或吉服冠，其帽胎需另以裏外包覆羅、紗、綢、織錦、緞等織品、紙張等，甚至亦有象牙絲織品者。同時，涼帽的帽纓亦有染色絲、絨質、拆緞以及染色牛毛等品項，以上兩者皆可能需藉由國內如蘇杭

〔註 25〕段本洛、張圻福，《蘇州手工業史》，頁 83。

〔註 26〕陳凱歌，〈清代蘇州的鐘錶製造〉，《故宮博物院院刊》，1981 年第 4 期，頁 90
～91。

〔註 27〕朱漢生曾引《大清會典事例・內務府》提到，內務府每年會由蒙古三旗游牧
處輸入五百五十八公斤的德勒蘇草，以供大內製帽之用。朱漢生，《清代皇帝
與文官服飾研究》，頁 45。

地區、廣東地區等工業重鎮，才得以具備充足的生產原料並加工製作的能力【圖 8-1】〔註28〕，而兩地的加工原料（表裏用織品）及成品（帽胎）亦可輸出至其它省分（包含北京地區）另行製作販售。

【圖 8-1】William Alexander，涼帽商人

（畫中主人應正在製作羽纓冠或行服冠用氂纓，引自梅森 George Henry Mason 1992，頁 163）

【圖 8-2】William Alexander，皮貨販子

（畫中主人應正在兜售各式毛皮料子，引自梅森 George Henry Mason 1992，頁 141）

（2）煖帽

煖帽所使用的帽檐材料主要材料為獸皮與織品兩類，其中獸皮種類包含貂、狐、狸、海獺、黃鼠狼、狲猁猻……等，種類眾多。清代宮廷服飾所使用的皮貨原料，係由東北、內蒙古、俄羅斯等地，透過朝貢與商業交易的方式取得【圖 8-2】。然而，宮廷庫存過多的毛料亦會透過賞賜、變價的方式流入市面，其中亦同時替內廷賺取額外財富，許多品質較好的皮貨逐漸流入北京、蘇州等地。賴惠敏更指出，由於宮廷庫存的皮貨大量流入民間變價，亦導致

〔註28〕 節錄【圖 8-1】之文字說明：「這個帽商正在修剪一頂清朝官吏夏天戴的紅纓涼帽。帽身用十分纖細的藤條編織而成，覆蓋帽頂當作飾物的氂毛輕盈柔軟，原本是母牛腹部下的毛髮，細心篩選後染成朱紅色。這種帽子需求量相當大，一間鋪子光是一個早上就可以賣出一千頂左右。若逢國喪，則要摘下紅纓二十七日。」文中可知清代的涼帽消費需求非常大。

清初所明定的官民服用毛皮的限制規範開始被打破。〔註29〕

另一種帽檐材料則為織品為之，主要有絨質、絲質、緞質等品項，其中絨質布料能模仿獸毛的蓬鬆感，同時價格相較真實皮毛低廉許多。因此，蘇州、杭州地區做為中國生產各式織品布料的最大產地，提供製作此類煖帽甚至將原料外銷其它省分加工的有利條件，其中臺灣就是透過此一方式進口涼煖帽子，筆者將於後面小節詳述。

（二）中國清代的頂戴與官帽的店舖銷售

1. 北京地區

夏仁虎《舊京瑣記》曾提到：「京師工藝之巧，蓋萃南北之精英而成之。歷代帝都筐篚之貴，梯航並至，有所取法。又召集各省巧技匠師為師資，故由內府傳及民間，成風尚矣。」〔註30〕，北京不但做為清代服飾制度的起點，此外全國各地的物產、能工巧匠皆大量輸入政治的中心，可說是匯集南北工藝物產之薈萃。

其實早在清代初期，京師涼暖帽的販賣已具規模，康熙年間潘榮陛於《帝京歲時紀勝》中曾提到：

> 帝京品物，擅天下以無雙；盛世衣冠，邁古金而莫並。金銀寶飾，
> 開敦華元吉之樓；彩緞綾羅，置廣信恆豐之號；貂裘狐腋，江米街
> 頭；珊瑚珍珠，廊房巷口……冬冠夏緯，北于橋李齊；滿襪朝靴，
> 三進天奇並盛……。〔註31〕

文中所描述京師之物時，即提到專門販賣服飾、冠帽、首飾等名店，反映京城以內已有名牌時尚的概念。

京城內除了民營帽舖之外，亦有官營店舖，乾隆時期，皇帝曾命內務府廣儲司出資於京城裡開設專賣帽子專用毛皮的帽舖，並同時替內廷購買上好的皮料，次等者再轉售其它商舖。〔註32〕

京城商舖所販賣的官家上品項目越趨細緻，李虹《朝市叢載》列出光緒時期京城內販賣各式官用服飾配件的店家商號：

〔註29〕賴惠敏，〈乾隆朝內務府的皮貨買賣與京城時尚〉，《故宮學術季刊》第21卷第1期，2003年，頁122～125。
〔註30〕枝巢子（夏仁虎），《舊京瑣記》，臺北：純文學出版社，1960年5月，頁89。
〔註31〕（清）潘榮陛，《帝京歲時記勝》，北京：北京古籍書局，1981年8月，頁41。
〔註32〕賴惠敏，〈乾隆朝內務府的皮貨買賣與京城時尚〉，頁126。

朝帽：老偉儀（在地安門內路西）……暖帽：馬聚興（在東四牌樓
弓箭大院）；涼帽：馬聚源（在前門外鮮魚口路南）……官靴：內興
隆（在東四牌樓北錢糧胡同）……頂戴：啟聖齋（在前門內棋盤街
路東）；文武補服：晉隆號（在前門外排子胡同東口）……。〔註33〕

透過該文獻可知，城內商舖之間還有專門販售不同的帽子類型，其中馬聚源
帽舖甚至創始於清嘉慶二十二年（1817），〔註34〕可說是京城老店，城內有句
流傳至今的順口溜：「頭戴馬聚源，身穿瑞蚨祥，腳蹬內聯升，腰纏四大恒」
〔註35〕，彰顯馬聚源官帽的名貴，便藉此來形容京城官宦名流身上的行頭。

　　值得一提的是，專門販賣頂戴的舖號「啟聖齋」亦名列其中，為現有傳
世帶店款頂戴的生產來源提供明確的解答。此外，在外國紀錄十八世紀中國
之北京風俗畫中，亦出現京城街頭販售官員頂戴的攤販圖像【圖 8-3】。說明
一般官員在法律與經濟條件的允許下，是可以依能力購買合適的頂戴，其數
量與頂座裝飾花樣皆可依據個人喜好購置。

【圖 8-3】十八世紀法人著「*Les Ruse De Pékin*」（譯名
《北京的街道》）中「賣帽頂」所見北京街頭賣帽頂攤販

（法國圖書館藏，引自「Gallica」：https://gallica.bnf.fr/ark:/12148/
btv1b8452126n/f305.item.r=Chinoise%20femme）

〔註33〕　（清）李虹，《朝市叢載》，北京：北京古籍出版社，1995 年 7 月，頁 89〜91。
〔註34〕　王永斌，《享譽京城的老店鋪》，北京：中國時代經濟出版社，2009 年 1 月，
　　　　頁 121。
〔註35〕　同前註，頁 119。林育德，《記憶的版圖》，臺北：城邦文化，2002 年 2 月，
　　　　頁 126。

　　另有 Louise Crane 於 1962 年出版「China in sign and symbol」一書，記錄了清代晚期的北京城各式商店招楬類形，其中提及專門販賣中國官員使用的冠帽、朝珠、翎支、金銀器首飾的店舖，同時亦詳述具體的商品內容，可說明諸類官家用器的銷售模式，以下個別介紹。

（1）北京帽子舖

　　關於帽子舖的具體形式，【圖 8-4】中見帽舖幌子繪有一朝冠疊於瓜皮帽且置於冠架上，並於四角寫有「一品帽舖」字樣，明確顯示店家所販售的內容以官用冠帽為主。〔註36〕

（2）琉璃珠舖子

　　北京街坊中有所謂的琉璃珠子舖，其幌子由數條珠子串接而成，並於中央串有一條朝珠【圖 8-5】。可知該舖子主要題供類寶石的玻璃珠子，其中亦有販賣官員使用的朝珠，價格又較為低廉，故可滿足特定消費階層的需求。〔註37〕因此筆者亦藉此思考頂戴頂珠中亦有玻璃材質，若從專業分工的角度，不排除珠子舖亦可能作為提供頂戴店或金銀首飾店家製作玻璃帽頂時的材料來源之一。

【圖 8-4】「一品帽舖」款帽舖幌子
（圖引自 Louise Crane 1926，No.33）

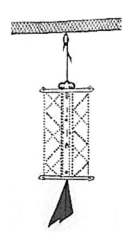

【圖 8-5】琉璃珠幌子
（圖引自 Louise Crane 1926，No.41）

　　關於頂戴珠子配做替用朝珠的例子，可見清宮造辦檔案記乾隆十九年三月十八日鍍金作記有：「太監張永泰交紅寶石帽頂大小十件，隨鍍金托十一件。」之後乾隆皇帝指示將「帽頂珠足做朝珠的挑出呈覽，其鍍金托認看。」隨

〔註36〕此外，作為販賣官帽重要裝飾的翎支舖，作者亦有一番描述，提到坊間所販賣的品級翎支（即藍翎與花翎）的製作，又以孔雀毛（花翎）頂級較高，其次也有用馬鬃毛、絲製的翎支。可見為符合實際的消費需求，替代材質的使用在民間是非常普遍的方式。值得一提的是，現有傳世的翎支文物中，其收納的匣子裡即寫有「一品當朝」字樣，清代官員品秩共分九等，其中以一品為最高品秩。這種將「一品」作為商品吉祥祝賀用詞亦或作為店家名稱的方式，反應商家透過商品與商標迎合消費族群心理需求的具體手段。參考 Louise Crane 1926, China in sign and symbol, Shanghai: Kelly & Whalsh, Ltd, p71.

〔註37〕Louise Crane 1926, p75~76.

後決定「足做朝珠十一箇，紅寶石七件准做。不足做朝珠頂珠三件，另配托交進，其頂托金歸金、銀歸銀，欽此。」〔註38〕該訊息顯示頂珠若在大小適當的情況下，一可以被選用另作朝珠的串珠，其珠徑作為佛頭珠〔註39〕最為合適。

　　藉此，若考慮頂戴頂座與頂珠之間的拴合關係，由於頂珠可自由拆卸於頂座的特性，清代的官員遇到品級升調之時，在經濟拮据的情況下甚至不用再備置一整付全新帽頂，僅需更換珠子即可。然而，上述想法皆純屬筆者依常理推論，首先從現有的玻璃朝珠與玻璃頂珠在成分或工藝上是否有所雷同，其事實仍需要未來有更多的文獻或實物的觀察方得論定。

（3）翎支舖子

　　作者對翎支舖亦有一番描述【圖 8-6】，提到坊間所販賣的品級翎支（即藍翎與花翎）的製作，以孔雀毛（花翎）頂級較高，其次亦有馬鬃毛、絲製的翎支。〔註40〕可見為符合實際的消費需求，替代材質的使用在民間是非常普遍的方式。由此顯示，清代的藍翎與花翎與頂戴一樣，並非只有內廷製造，捐納之事大增，有權利配戴翎支的人數增加，同時創造了消費需求，納入官用商品的一環。

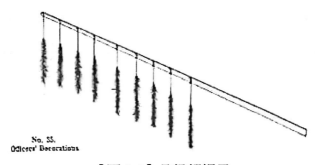

【圖 8-6】品級翎幌子

（圖引自 Louise Crane 1926，No.35）

　　值得一提的是，現有傳世的翎支文物中，其收納匣子亦有寫以「一品當朝」字樣的品項，清代官員品秩共分九品，其中以一品為最高品秩。這種將「一品」作為商品吉祥祝賀用詞亦或作為店家名稱的方式，反應商家透過商品與商標迎合消費族群心理需求的具體手段。

〔註38〕引自《內務府造辦處各作成做活計清檔》，Box. No: 97 乾隆十九年（二），頁 159。
〔註39〕佛頭珠為清代朝珠的分珠，共有四顆，珠徑約在 2cm 不等。
〔註40〕Louise Crane 1926, p71.

（4）金銀器舖子

金銀器舖子幌子可見款以「裕源樓定打金銀首飾金銀器」【圖 8-7】，從字面上可見該舖子承製各式首飾器皿訂做，〔註41〕與蘇州金銀首飾手工業經營模式大同小異。令人再次聯想到上海市天鑰橋路出土帶「方九霞」款與臺南市出土的「金足成」款銀鎏金朝冠頂，顯示清代頂戴存在量產款式與客製化的兩種商品屬性。

2. 京城以外地區──以蘇州、廣東地區為例

其實除了京城以外，中國各地皆有販賣與製作帽子的店舖，並且為外國人所見。1816 年英國使節阿美士德率使節團來華覲見嘉慶皇帝，途中經過安徽省安慶府、江西省南昌府等地區，皆在府城內看到專門販賣帽子的店舖，〔註42〕故清代經營涼煖帽的販賣應遍及全國各地。

關於現有帽舖具體圖像的，可見描繪蘇州、廣州市井場景題材的繪畫中，從康熙朝至乾隆朝的繪畫作品如〈康熙南巡圖〉、〈姑蘇繁華圖〉與〈乾隆南巡圖卷〉等畫作中，其描繪了蘇州地區各形式的帽舖子，主要可分成兩種。第一種具招牌的實體店面（【表 8-1】，a、b、c），第二種則為攤子形式，有的搭建簡易棚架（【表 8-2】，a、b、c），亦有就地打舖販賣者（【表 8-2】，d）。此二類不同的販賣方式若從銷售成本考量，或許可以體現其販售帽子的品質差異。

此外，清代廣東地區做為中國與西方國家貿易的重要口岸，以佛山為例，其手工業自明中葉以來已發展得非常成熟，由於水路交通便利，其作為國內各省間貿易及對外貿易的中轉地，故貿易的商品項目非常多樣。〔註43〕按其手工業種類各自形成專門行會，除了本地著名的鐵器製造業外，亦有屬

【圖 8-7】「裕源樓定打金銀首飾金銀器」款幌子

（圖引自 Louise Crane 1926，No.37）

〔註41〕Louise Crane 1926, p72.

〔註42〕亨利‧埃利斯，《阿美士德使團出使中國日誌》，北京：商務印書館，2013 年 9 月，頁 227、241。

〔註43〕朴基水，〈清代佛山鎮的城市發展和手工業、商業行會〉，《中國社會歷史評論》，2005 年，頁 119。

於帽子製造業的「秋帽行」、「冬帽祖會」、「冬帽行」、「製帽行」，同時還有貴金屬與首飾製造業的「銀器行」、「珠寶舖」。〔註44〕

【表8-1】清代江南地區的市井帽舖

店鋪形式		

(a)店舖販賣涼帽場景，亦可見帽纓與帽胎可各別販售。王翬等，〈康熙南巡圖——第十卷〉(局部)。圖引自北京故宮博物院，清代宮廷繪畫，1995年4月，北京：文物出版社圖，頁73。	(b)蘇州市井帽行，其招幌標榜販賣朝冠等項，旁邊亦見有皮貨行。清徐揚，〈姑蘇繁華圖〉(局部)，遼寧省博物館藏。圖引自《清徐揚——姑蘇繁華圖》，香港：商務印書館，1989年。	(c)蘇州市井帽行販賣煖帽場景。清徐揚，〈乾隆南巡圖第六卷——蹕駐姑蘇〉(局部)，中國國家博物館藏。筆者自攝，2013年8月於「圓明園特展」。

【表8-2】清代江南地區的市井帽攤

攤位形式			
棚架式			地鋪式

(a)蘇州市市井帽子攤，可見帽纓與帽胎可各別販售。清王翬等，〈康熙南巡圖——第十卷〉(局部)。圖引自北京故宮博物院，清代宮廷繪畫，1995年4月，北京：文物出版社圖，頁72。	(b)蘇州市井帽子攤。清徐揚，〈姑蘇繁華圖〉(局部)，遼寧省博物館藏。圖引自《清徐揚——姑蘇繁華圖》，香港：商務印書館，1989年。	(c)蘇州市井帽攤。清徐揚，〈乾隆南巡圖第六卷——蹕駐姑蘇〉(局部)，中國國家博物館藏。筆者自攝於，2013年8月「圓明園特展」。	(d)蘇州市井帽攤。清徐揚，〈乾隆南巡圖第六卷——蹕駐姑蘇〉(局部)，中國國家博物館藏。筆者自攝，2013年8月於「圓明園特展」。

〔註44〕其參考朴氏表3與頁127註1的針對佛山地區行會種類記錄文獻的整理成果。朴基水，〈清代佛山鎮的城市發展和手工業、商業行會〉，《中國社會歷史評論》，2005年，頁126～127。

西方人於十九世紀留下大量描繪廣東地區風俗與市集商舖的版畫描繪中，恰巧出現以廣州帽舖為主題的作品，給我們對於南方帽店的販售場景，提供更具體的形象。【圖 8-8】中整牆的開架式櫥櫃展示一疊又一疊的帽子，部分帽子甚至垂吊於天花板上。買家除了看貨之臾，還可以在此泡茶聊天，顯示清代店舖做為買賣與社交的場合。〔註45〕

【圖 8-8】廣州帽店

（Allom 繪、W. Floyd 雕刻，1840 年，銅版畫，5×7.5cm，私人收藏，引自詹姆士·奧朗奇，2008 年，頁 188）

（三）頂戴所延伸的消費文化與社會風氣

關於頂戴的消費模式與裝飾心理，陸以湉《冷廬雜識》記載道光八年（1828）再次發生官員僭用金頂的事件，因此朝廷又明令七品以下至監生頂制：「惟七品官及進士、舉人得戴素金頂，八九品官及貢生戴起花金頂，生監

〔註45〕該作品配有附文，提到：「帽店常常是聊天的場所、時興的休閒處、閒人的聚會地。前面敞開、懸掛燈籠，有商店的招牌，還有銘記，後者說明店主一貫的誠實，本店獨家生產的貨物的質量，價格合理，以及在某些場合『概不賒帳』的提示。這些字都用金字寫在招牌上，掛在門的一側。櫃臺外側是一個小欄杆，部分作為防護，但主要用作裝飾，裡面是放各種帽子的貨架……。」引自詹姆士·奧朗奇，《中國通商圖——11～19 世紀西方人眼中的中國》（北京：北京理工大學出版社，2008 年），頁 188。

戴銀頂。」〔註46〕頓時造成眾多官員等為此趕緊重新換購頂戴，致使銀頂的消費需求量大增，市場藉此獲得龐大商機，卻也從中產生一些社會現象：

> 寒士皆購錫頂代之，肆工雜之以鉛，歷時久，色即暗黑。有力者以
> 銀鑄實心頂，約重一兩許，加以磨琢，望之與砷碌六品頂無異，往
> 往於酒筵酣飲之時為人竊去。行之年餘，仍沿舊習，間有守法之儒
> 猶戴銀頂，則羣譁笑之。甚矣，習俗之難更也。〔註47〕

上引文指出生監購買頂戴時，經濟較貧乏者選擇錫頂來代替銀頂，考量其色同但物料便宜，但市場上同時出現不肖商人販售以錫混鉛的「水貨」，長久使用產生會氧化並呈現暗黑色。

　　另一方面，經濟較富裕者則會購買實心（頂珠）的純銀頂子，稍加磨光即可顯出銀白的色澤，可媲美白色的砷碌頂珠顏色，因此有時會在主人酩酊大醉時被人竊走。卻也暗示出清代民間低階官員雖使用本品材質的頂戴，卻仍試圖將自己的頂珠顏色看起來更「高級」。由此可知，朝廷透過政令的宣導，仍無法抑制民間官員投機僭越的渴望。

　　令人感慨的是，此政令推行幾年以後，大家又開始僭用金頂，雖然之中還是有守法者按照規定戴用銀頂，卻會被同儕所取笑。此一現象反映僭越的歪風儼然成俗，變成社會的普遍風氣，因此無法有效更正甚至群起效尤。

　　自咸豐以後，捐官之例大開，致使：「各軍營保舉及事例捐納者夥，于是知縣無不藍晶其頂，即佐雜等官，亦多水晶、車渠者。」〔註48〕一個七品知縣頭戴藍頂、八九品職直官員服五六品官員頂制早已是見怪不怪之事了。〔註49〕

三、臺灣本地官帽與頂戴來源與販售

　　臺灣自康熙朝正式納入清帝國版圖，以北方草原風格的國朝服飾也一併於臺島推行，現藏美國國會圖書館（Library of Congress）的一幅康熙時期繪製的〈臺灣輿圖〉裡，圖中描繪臺灣府城（今臺南市）內【圖8-9】十字街口往南至臺廈道衙門一側，即有專門店家販售涼暖帽的描繪，見該帽舖屋簷下方吊掛著兩頂涼帽，應為臺灣最早販賣清代冠帽的圖像記錄，亦同時顯示臺

〔註46〕（清）陸以湉，《冷廬雜識》，北京：中華書局，1984年1月，頁109。
〔註47〕同前註，頁109。
〔註48〕（清）陳其原，《庸閒齋筆記》，北京：中華書局，1989年4月，頁130～131。
〔註49〕嵇若昕，〈朝珠與帽頂〉，《故宮文物月刊》，1985年1月，頁99。

南市作為臺島最早販售清代滿州服飾相關商品的地方。以下筆者透過文獻的紀錄，梳理臺南府城內帽店與首飾店的發展歷程，推論臺島官帽與頂戴的可能來源。

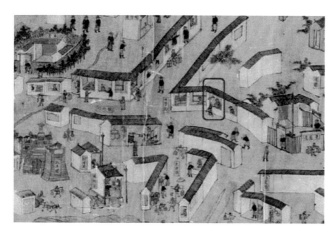

【圖 8-9】佚名，康熙時期臺灣輿圖

（畫面左側為北方，左下角為紅毛樓與關帝廟、中央為十字街口、右側緊鄰臺廈道衙門。右圖則為帽店局部放，280×90cm，美國國會圖書館藏，轉引自國立臺灣歷史博物館，2011 年，頁 114～115）

（一）康熙－雍正時期

目前關於清代臺灣涼煖帽的販售與生產的文字記錄較為零星，最早的文獻可見清康熙五十五年的《臺灣縣志》中記載臺灣縣邑內市集，提到：「帽街，在西定、寧南二坊之間。街多帽店，故名。」〔註 50〕康熙年間臺灣縣城邑內以十字街口為中心，劃分東安、西定、寧南、鎮北四坊，故知康熙年間已有帽店，且位於西定坊與南寧坊之間，約十字街口一帶的區域，大抵可對應美國國會圖書館藏臺灣輿圖的描繪。雍正元年（1723），知縣周鍾瑄於甫以木柵莿竹建臺灣縣城，〔註 51〕城內的街坊規劃越趨規模。

此外，關於康熙雍正時期臺灣涼煖帽取得來源，黃叔璥《臺海使槎錄》中記載：

> 海船多彰泉商賈，貿易於漳州，則載絲線、彰紗、剪絨、紙料、菸

〔註 50〕（清）陳文達，《臺灣縣志》（《臺灣文獻史料叢刊》第二輯），臺北：大通書局，1984 年，頁 91。

〔註 51〕（清）王必昌，《重修臺灣縣志》（《臺灣文獻史料叢刊》第二輯），臺北：大通書局，1984 年，頁 87。

布、草蓆……回時載米、麥、菽豆、黑白糖錫、番薯、鹿肉售於廈
門諸海口，或載糖靛、魚翅至上海，小艇撥運姑蘇行市，船回則載
布疋、紗緞、枲棉、涼煖帽子……。〔註52〕

文中明確指出臺灣於納入清朝版圖前期，所用涼煖帽皆仰賴蘇州地區進口，
伴隨著其它諸如綾羅綢緞紗等布料，做為臺島與華中地區間的重要貿易物
資。此外，與涼帽同樣作為細手工製編織品的草蓆亦於漳州地區進口，故皆
可合理推測，康雍時期的臺灣雖有帽舖子，但本地仍無製作涼煖帽的技術。

（二）乾隆－光緒時期

關於帽店正式出現在清代官方志書的圖像，見乾隆十七年（1752）《續修
臺灣縣志》的城池圖中，才正式出現帽街的實際位置，十字街口除帽街外，
亦有竹仔街（帽街北側）、鞋街（帽街東北側）等【圖 8-10】。

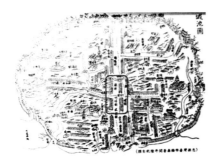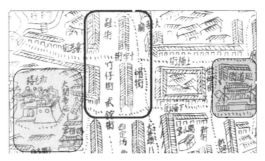

【圖 8-10】乾隆年間《重修臺灣縣志》城池圖（右圖為局部放大）

（紅色框為帽仔街、竹仔街、鞋街，藍色框為臺澎兵備道署，綠色框為大天后宮、
武廟、紅毛樓。見王必昌，〈臺灣縣全圖〉，《重修臺灣縣志》，臺灣文獻史料叢刊第
二輯，臺北：大通書局，1984 年，頁 4～5。由於原圖分為兩頁，故轉引洪敏麟的
接合圖版本，見洪敏麟，《臺南市市區史蹟調查報告書》，臺中：臺灣省文獻委員會，
1979 年，頁 10～11）

至乾隆五十三年（1788），臺灣知府楊廷理又將舊木柵城圍改建土城
垣，帽街亦改稱為「帽仔街」，其格局與街名基本維持不變（範圍為今民
權、忠義路口西向民權、永福路口段）〔註53〕【圖 8-11】，並且延續到清光緒
時期。

〔註52〕（清）黃叔璥，《臺海使槎錄》，北京：北京線裝出版社，2012 年，頁 121～
　　　　122。

〔註53〕洪敏麟，《臺南市市區史蹟調查報告書》，臺中：臺灣省文獻委員會，1979
　　　　年，頁 44。

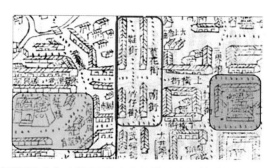

【圖 8-11】嘉慶年間《續修臺灣縣志》城池圖（右圖為局部放大）

（紅色框為帽仔街、竹仔街、鞋街，藍色框為臺澎兵備道署，綠色框為媽祖宮、大
關帝廟、紅毛樓。見謝金鑾，〈臺灣縣全圖〉，《重修臺灣縣志》，臺灣文獻史料叢刊
第二輯，臺北：大通書局，1984 年，頁 4～5）

　　同時，在光緒時期的地圖中亦見過去《重修臺灣府志》中上橫街北段
的下寮港街（範圍為今忠義、民權路口北向至忠義路 117、115 間向道段）
〔註 54〕變成打銀街【圖 8-12】，其南端與帽仔街東端垂直比鄰。該區域至日治
時期則稱作白金町，反應此地以金銀加工作為傳統產業的發展歷程是具有延
續性的。〔註 55〕

【圖 8-12】光緒年間臺南市街道圖（右圖為局部放大）

（紅色框為帽仔街、竹仔街、鞋街，黃色框原為下寮港街，現為打銀街。藍色框為
臺澎兵備道署，綠色框為大天后宮、武廟、紅毛樓。圖引自洪敏麟，《臺南市市區
史蹟調查報告書》，臺中：臺灣省文獻委員會，1979 年，頁 10、45～46）。

〔註 54〕洪敏麟，《臺南市市區史蹟調查報告書》，臺中：臺灣省文獻委員會，1979
　　　　年，頁 55。

〔註 55〕臺南打銀街於日治時期，打銀器加工產業發展蓬勃，曾有打銀街眾師傅合力
　　　　以銀打造赤崁樓模型一座，贈送日本皇太子的記錄，臺島打銀工藝之精湛，
　　　　可見一斑。見林明德，《臺灣工藝地圖》，臺中：晨星出版社，2002 年 12 月
　　　　30 日。鄭道聰，《大臺南的西城故事》，臺南：臺南市政府文化局，2013 年 3
　　　　月，頁 195。

　　爾後的文獻記錄中，《安平縣雜記》亦描述縣城內手工業概況，文中羅列百工司阜，其中：「帽店司阜：製造涼煖大小各帽及秋襯巾。」〔註56〕其明文指出清代晚期島內已可製造涼煖帽。其中涼帽又與編織器有所聯繫，故在相關編製器用產業中，亦有「織蓆司阜：用草織成，女工亦能之。做藤司阜：供一切什用竹椅面而已。若藤床、藤藍等等藤器，均自外來，臺地不能做也。」〔註57〕

　　雖然該書成書年代已在清代末期，且內容描述簡略，較難看出實際的販賣情形與技術發展源流。若同時檢視各時期臺南府城的街景變化，自雍正朝以降，竹仔街與帽街比鄰而行，很有可能做為促使製作涼帽與煖帽技術逐漸發展的因素之一。此外，文中亦提到「繡補匠：繡一切椑圍、褥墊及蟒袍、裙、戲服等樣。」〔註58〕其中「蟒袍」應指專繡官用朝袍、吉服袍類紋樣等服飾，可能顯示臺灣本地確實存在官屬服飾器用的生產。然而上述諸多案例是否意味著臺灣本地的手工業，已全然具備自行生產官用服飾商品以供應島內需求的能力，仍有待更多資料的佐證。

（三）臺灣官用頂戴來源

　　關於臺灣本地是否有頂戴的生產技術，目前並沒有明確文獻可以指出，僅知清代晚期，臺島已有能夠製造金銀首飾的匠師：「銀店司阜：一切婦人首飾釵釧、環燭及什用銀器，均資製造。」〔註59〕然而，透過出土與傳世頂戴形制與工藝祭法的觀察，均與中國地區並無區別，若以頂戴使用人數相對有限的角度思考，臺灣出土與傳世的頂戴，其來源可能為中國地區進口，亦或是臺灣本地訂做製造。

　　但筆者注意到另外一件事，《安平縣雜記》中亦同時記載臺灣本島亦有販賣精密鐘錶與眼鏡的店家，提及：「修理鐘錶司阜：僅能修理、不能製造。各商業所用天秤，亦兼修理焉。修理眼鏡司阜：販賣各樣眼鏡及修理舊眼鏡。」〔註50〕該段落反映出一個重要的訊息，即臺灣於清末時期諸如眼鏡、天平、鐘錶儀器等高精密金屬手工業技術仍有所侷限，故不能生產，僅能修理。

〔註56〕不著撰人，《安平縣雜記》，南投：臺灣省文獻委員會，1993 年 9 月 30 日，頁 83。

〔註57〕同前註，頁 86。

〔註58〕同前註，頁 82。

〔註59〕同前註，頁 83。

〔註60〕同前註，頁 84。

筆者推測極有可能是島內缺乏規格化螺絲、玻璃等週邊零件生產的技術所致，故使諸類產品甚至零件皆仰賴進口，進而出現只能修理而無法全然生產製造的現象。

若筆者將此一模式套用在頂戴可能存在專業分工生產的技術上，亦會發生同樣的情況，即座栓螺絲跟玻璃珠等零件材料皆得透過進口取得。縱使臺灣擁有製作頂戴的能力，很有可能僅為頂座的裝飾零件製作，最後將進口的拴合結構加以組裝成器。

四、清代官帽的商業價格概述

透過前面諸章節我們可以知道清代服飾為傳統漢服的革新，承襲北方草原文化的傳統與習俗，而涼暖帽的使用自入關以前即有之，進入清代以後，中國各地上自京師、下至地方省會皆有販賣，在歷史文獻中亦留下不少關於官帽價格的記錄，以下分述。

（一）帽胎價格

1. 涼帽價格

清初葉夢珠《閱世編》中描述順治至康熙年間涼帽與暖帽用料材質及其價格，關於涼帽的部分提到：

> 帽胎，順治三年（1645）始也，未有賣者，俱剪藤編篾席為之，後用細草編成，造自北方，至南而加裏發販。京師有同類而最精細潔者，名曰得勒粟，每頂銀三、四兩，而紅緯不與焉，外省罕有。今或以白紗綾為表者，庶乎似之，而價不過與常帽等，亦用純代麻之意耳。〔註61〕

由文中可知至順治年間，清代涼帽胎僅有北方製作，並以藤或草類等植物纖維編織製成，最後將半成品的帽胎送至南方添加內裏後，方得販賣戴用。其中最好且罕見的材質為得勒粟草（又稱「玉草」）製品，質感較為潔白細密，其淨價（不含紅緵）的價格可值三、四兩銀，應為高品質涼帽胎的價碼。至康熙年間開始出現以白色紗綾布料敷於胎表者，其價格與普通的涼帽一般。

2. 暖帽價格

筆者依照《閱世編》之描述暖帽品項及其價格風尚所製作簡表【表8-3】，

〔註61〕（清）葉夢珠，《閱世編》，北京：中華書局，2007年9月，頁200～201。

可知順治時期之煖帽主要有幾等皮料，其中以貂皮為最為上等、依序為海獺皮（染黑狸皮）、狐狸皮與雜獸毛皮四等，其中第二等的海獺皮在初期用料較為精良，可值銀二兩。然而至康熙時期，海獺皮的品質逐漸粗劣，最後由騷鼠皮（染黑黃鼠狼皮）取而代之，成為最普遍的煖帽材料，亦值銀二兩。康熙十五至十六年（1676～1677）間，江寧地區新研發出一種剪絨之布料，可比擬騷鼠毛之質感，且價格僅需三、四錢，較真獸皮低廉，成為新興的煖帽原料，多為士宦階層所用。康熙二十三年（1684）京師又新流行海龍皮料（真海獺皮），其價值可達四、五金，為檔次較高的類型。

【表8-3】《閱世編》中清代初期煖帽價格與等級一覽表

流行時間	品　項	品　質	時　尚	價　格
順治時期	貂鼠皮	--	最貴（一等）	--
	海獺皮（染黑狸皮）	--	原為次等，因為日漸惡濫，漸被騷鼠皮取代	紋銀二兩
	狐皮	--	三等	--
	無皮不用	材質惡濫	劣等	--
康熙初期	騷鼠（黃狼皮染黑）	毛細而潤，老者類貂	然無人非騷鼠冠，而海獺非鄉愚極貧之人不冠矣。（促使海獺皮降格）	銀二兩
康熙十五～十六年	剪絨帽（江甯產）	色黑細密，長闊宛如騷鼠	士林往往用之	三、四錢
康熙二十三年	海龍皮（真海獺皮）	毫短而勁，色黝而明	京師（北京城）始尚	四、五金

該表格整理自（清）葉夢珠，《閱世編》，北京：中華書局，2007 年 9 月，頁 200。

（二）帽纓價格

除了帽胎之外，《閱世編》亦提及帽纓（緯）的種類及其價格，【表8-4】中可知清代帽纓以絲質帽纓最貴，其中細潤且大紅不易退色的西甯常纓與拆緞纓為上，此類細絲質帽纓應作為帝王、官員朝冠纓使用。次為胎纓、皮纓者，而價格最賤者為散緯或雙絲染大紅纓子。文中同時提到，帽纓的價格伴隨染販的增加，透過同業的激烈競爭亦會造成帽纓的價格的下跌。

【表8-4】《閱世編》中清代初期帽纓品項及價格一覽表

品　項	特　徵	價　格
西甯常纓	細潤而真正大紅色久不變者	配涼帽可值銀三十餘兩
拆緞	大紅緞拆其經	拆絲一兩，值銀一兩
胎纓	--	銀七、八錢
皮纓	--	約胎纓價一半
散緯或雙絲染大紅	--	每兩價銀二、三錢者

備註：整理自（清）葉夢珠，《閱世編》，北京：中華書局，2007年9月，頁201。

（三）雍乾時期的帽胎與帽纓價格

雍正元年至乾隆元年（1723～1736）間，內廷為配合宮中買辦各項物料，須擬列價格基準，以穩定宮中開銷，故刊佈《九卿議定物料價值》，其中亦列出幾項官帽與帽頂的具體價格，筆者在此列出以供參考【表8-5】。

【表8-5】《九卿議定物料價值》刊載帽頂與帽冠物價表

種類	品項名稱	舊例價格（雍正朝）	新定價格（乾隆元年）
帽頂	紅銅帽頂（重六錢）	銀壹分肆釐	壹分捌釐
帽胎 ＋ 帽纓	線纓涼帽	肆兩	壹兩柒錢伍分
	校尉絨纓涼帽	銀柒錢二分	銀柒錢二分
	染騷鼠帽連纓（煖帽）	銀壹兩柒錢伍分	銀壹兩參錢伍分

註：該表整理自北京故宮博物院，《九卿議定物料價值》，海南：海南出版社，2000年6月，頁30、139。

【表8-5】可以發現，乾隆朝新訂的涼帽與騷鼠皮煖帽的價格，隨著國勢與經濟發展的蓬勃，整體物價相較康熙所記載的涼煖帽金額，便宜趨近一半。雖然該文獻所羅列頂戴與官帽品項有限，卻也提供吾人了解雍乾時期涼煖帽的大致價格。更重要的是，此一由宮廷所開列的物料價目表，無形反映出清代宮中所用的官帽與帽頂，並非全然出自造辦處所製作，而是可以同時透過自民間買辦的方式取得。

（四）官帽材質選用與環境的聯繫

除了理解冠帽的價格與質料的等級外，帽胎的戴用亦會因為地方區域的

差異而有所區別，陳其元的《庸閒齋筆記》中〈士大夫宜留心本朝掌故〉曾提到：

> 辛未三月中，天氣頗炎，恩方伯錫滋蘇藩任。受事之時，朝冠用皮，人多訝之，不知未換涼帽前，朝冠無不皮者也。其用絨緣者，乃宮嬪之冠，國家定制如此。今至省文、武各官，朝冠大率皆以絨緣，習而不察，反以笑人，亦可笑也。〔註62〕

陳其元認為江蘇地區官員朝冠帽緣不用皮質而用絨質，是因為不察國朝定制，才將絨質朝冠習以為常。然而，王侃說明煖帽材質時，提到：「亦有用篾作胎，以紗蒙之，於初換季時戴之者。」〔註63〕可知清代煖帽換戴於夏秋之際，季節不甚冷冽之時，故可以選用較通風清涼的紗布材質所製作的煖帽。

因此若從地理區域的角度重新檢視，冬冠之制始於東北之地，屬溫帶季風氣候地區，為適應冬季高緯度地區寒冷的氣候，其原制以獸皮為主，但到了屬於亞熱帶季風氣候地區的南方，其冬天溫度相較北方溫暖許多，獸皮需求量的減少是可以被理解的。此外，江蘇本以盛產絲織品聞名，而獸皮的集散地則集中在北京地區，〔註64〕在產地原料與地理氣候的雙重條件下，江蘇官員冬朝冠以絨作緣的方式，可能反應地方區域與氣候特色的表現。有趣的是，在臺灣現存見有冬冠的官員肖像、老照片及傳世文物中，亦罕見冬冠用獸皮檐者，故地理氣候應作為關鍵性的因素。

五、官帽與日常生活及存放方式

（一）官帽與日常生活

1. 日常換戴與官場禮節

清代涼煖帽是依照季節的更替使用，大抵而言，涼帽用於春夏二季、煖帽用於秋、冬二季。而每年的農曆三月與九月的十五日、二十五日為涼煖帽的換季日子，〔註65〕即三月開始換戴涼帽，九月則是開始換戴煖帽的月份，

〔註62〕（清）陳其元，《庸閒齋筆記》，頁130。
〔註63〕（清）王侃，〈皇朝冠服志〉，頁9。
〔註64〕賴惠敏，〈乾隆朝內務府的皮貨買賣與京城時尚〉，《故宮學術季刊》第21卷第1期，2003年，頁126。
〔註65〕（清）崑岡等，《欽定大清會典事例（光緒朝）》，新文豐出版社，1976年，頁9471。

由禮部擇其中一日向皇上請旨並詔示全國官民換用。

　　然而，有規則必有例外，阿美士德使團來華曾經觀察到官員換戴帽子的特殊現象，當時負責接待使節團的欽差大臣廣惠抵達揚州府時，至地方行省執行公務時，由於路途遙遠，無法即時換戴冬帽，仍頭戴夏冠。故城中地方官員們在迎接廣惠時，又重新配戴夏冠，因此欽差大臣在出於禮貌下，才趕緊改戴冬帽。故撰寫出使日誌的亨利‧埃利斯認為，每個地區真正更換帽子的時間仍取決於名聲顯赫的要人，在北京由皇帝控制，在帝國各地，則取決於他的代表人了，〔註66〕亦可算是地方官場文化的潛規則。

2. 壽禮

　　清代的官帽與官服除了官方場合配戴之外，在日常生活中，亦使用賀壽、婚禮等場合，此一習俗一直沿用到清末民初時期。日治初期的臺灣亦有同樣的現象，吉見松代曾於〈男子禮服〉中，觀察到傳統漢人傳世藍青花衣（即「吉服」或「蟒袍」）之穿戴方法：

> 這件禮服是當時舉人以上的進士或是文官所穿的，在禮服的外面再加上補褂，頭戴冠帽就可以參加諸種的典禮儀式。當時舉人以上的進士或文官在每月的朔日和十五日都要穿著這種禮服祭神。如果年老退休之後，到了生日那天，仍會穿著官服接受親戚們的祝賀。那時子孫們會跪在穿著華麗榮服的祖父面前，對祖父說些長命百歲、福如東海、壽比南山之類的吉祥話。這時祖父也會微笑的說：「你們也要向祖父一樣長命百歲哦！」〔註67〕

文中可以得知，清代官服亦作為家中長輩做壽之服【圖8-13】、【圖8-14】，《欽定禮部則例》訂：「封誥者祇准服用原任官頂戴榮身，以示區別。」〔註68〕凡清代官員及其父母一旦經過封誥，嗣後告老還鄉時，仍得以保留原任品級冠服以榮身，並於每年壽辰時服用，以示出身官宦而與庶民階級有別，同時反應長輩在家中的權威地位。

〔註66〕亨利‧埃利斯，《阿美士德使團出使中國日誌》，北京：商務印書館，2013年9月，頁193～194。

〔註67〕該譯文引自吉見松代，〈男子禮服〉，《民俗臺灣》（四輯），臺北：武陵出版社，1994年3月，頁268。

〔註68〕（清）長秀、齡椿等奉勒撰，《欽定禮部則例（上冊）》卷三十二，臺北：成文出版社，1966年，頁235。

【圖 8-13】攝於 1920 年，Lum Mow Pang 全家福合照

（檀香山基督教博物館藏，Bishop Museum, Honolulu, HI，可見照片中長輩身著冬吉服冠，身穿補褂吉服，引自 Beverley Jackson & David Hugus 1999, p17.）

【圖 8-14】康有為七十大壽（1927 年 3 月 8 日）與家族成員合照

（右圖為局部放大，見康氏身著清代朝服端坐中央，引自李雲光，1985 年，無頁碼）

3. 婚禮

除了有職銜之官員可合法穿戴官用冠服外，平民亦可在大婚之日短期穿戴官用冠服【圖 8-15】。根據日本官方對清末日治初期臺灣風俗的記載【圖 8-16】，一般平民男子並無官職，故婚禮所穿用之清代官服，需事先向官府繳納三十兩的租稅金，方得准許穿用七品文官冠服三日。〔註69〕

〔註69〕月初皓，《臺灣館》，頁 46～47。

【圖 8-15】清末中國地區新人結婚照

（男方穿戴夏吉服並外罩補掛，引自 Beverley Jackson & David Hugus 1999, p131.）

【圖 8-16】臺灣男女婚禮之服裝

（男著補服蟒袍、女著鳳冠霞帔，引自月初皓，1903 年，頁 46～47）

4. 喪禮

官帽在喪禮之中亦有特殊的換戴方式，清代兩煖帽中的帽纓除了作為清代涼煖帽的裝飾外，亦扮演清代服儀風俗習慣的重要角色，舉例來說，凡遇皇帝駕崩國喪之日，全國各省地方官員，待「遺詔到日，皆摘冠纓素服、跪接進營、行三跪九叩禮，跪聽宣讀畢，興舉哀。復行三跪九叩禮，官兵摘冠纓三日，至第四日照常辦事。」〔註70〕皆須摘除帽纓三日以示哀悼。

此外，《兒女英雄傳》寫到安老爺迎何太太靈柩喬段，亦有摘纓之禮：

（安老爺）帶同兒子媳婦，先到他老太爺老太太墳上行禮，然後過這邊來，看看辦的不豐不儉、一切合宜。老爺頗為歡喜，便派人跟了公子，叫他穿上孝服，向十里外，迎接何太太的靈。這裡老爺也摘了纓兒、太太也暫除了首飾。〔註71〕

由此可知，除了國喪之外，在一般喪禮之中，男性需要摘除帽纓以表致哀、女性則需要摘除身上的首飾即可。

「摘纓」為清代喪俗特有的文化表現，由於清代官民帽纓以紅色系為主，屬喜氣之色，故凡遇到喪服之期，即會將帽纓自冠帽拆下，作為素服的

〔註70〕（光緒朝）《欽定大清會典事例》卷四五七，臺北：新文豐出版社，頁 11116。
〔註71〕（清）文康，《兒女英雄傳》，臺南：世一書局，1982 年 6 月，頁 230。

一種表現。此一現象再次體現清代冠帽可以依時自由拆卸組裝的機動特性，是為冠帽的結構特性與滿洲文化風俗交融下的結果。

（二）清代官帽的陳設與儲放

清代人除了使用官帽外，也注意到如何妥善儲放這種官家之物，因此延伸出帽盒、帽架等用品。《清俗紀聞》中即繪有帽架與帽盒之圖像，其中帽盒又稱作「帽箱」【圖 8-17】，做為長期儲藏官帽之用具，見盒蓋與盒身作上下開闔式，盒蓋呈平頂。帽架為短期擱置冠帽之用，該書繪有三種摺疊式帽架【圖 8-18】，其中圖片右下角為獨立折疊式帽架，外形呈腳架貌，另外兩種為裝置於大型傢具的構件。以下筆者將運用文獻圖像材料，對應田野採集資料與其它傳世文物進行分述。

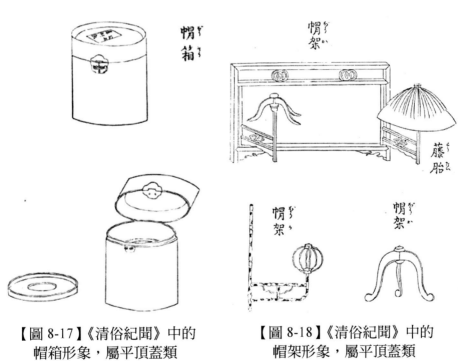

【圖 8-17】《清俗紀聞》中的帽箱形象，屬平頂蓋類	【圖 8-18】《清俗紀聞》中的帽架形象，屬平頂蓋類
（引自《清俗紀聞》，1982 年，卷之三頁 6）	（引自《清俗紀聞》，1982 年，卷之三頁 6）

1. 帽盒

帽盒的製作材質多樣，見有藤竹編織、漆胎、皮革、木板、布質棉裏……等材料製做，在裝飾上則有素面或施以彩繪者。值得一提的是，藤竹編織或

漆皮木質帽盒，多於開闔處兩側做有金屬質鑷片與扣環設計，屬單側開闔，布質棉裹的帽盒則較不見此一結構。

　　透過本次進行田野調查，屏東江昶榮進士傳世帽箱與國史館臺灣文獻館、宜蘭傳統藝術中心等典藏機構藏品皆可見到這類文物，然而盒蓋皆為尖頂式，外形上與《清俗紀聞》有所差異。有趣的是，公家典藏機構或私人所收藏的這類尖頂帽盒內，主要以放置各式夏冠為主。此一現象不難讓吾人得以理解，清代帽盒可分成平頂與尖頂兩型，由於帽盒作為收儲冠帽之功能，因此盒蓋造形有意識依照冠帽特徵所設計，即尖頂者適用於夏帽冠；平頂者則適用冬帽冠之收納。由此可知，《清俗紀聞》裡的平頂帽盒應作為儲放冬冠所用。

　　此外，兩種帽盒甚至出現在蓋頂上增一圓柱鈕狀空間者，故又可下分形式【表 8-6】，此設計為求方便容納有頂戴之官帽。筆者嘗試將國史館藏夏帽盒與館內與館外的夏行冠與夏吉服冠進行疊套，發現皆可安然放置【圖 8-19】、【圖 8-20】，應證鈕柱狀盒蓋的具體功能，並顯示清代的帽盒與帽子的尺寸皆具備規格化的特質。然而，不論是尖頂或平頂帽盒，其底部皆做有雙橄欖形凹槽，推測作為方便手持托拿之用。

【表 8-6】清代帽盒形制分類表

尖頂形				平頂形	
不帶鈕柱		帶鈕柱		不帶鈕柱	帶鈕柱
I 式	II 式	I 式	II 式	I 式	I 式
彩繪夏帽盒，私人收藏（引自 Garry Dickinson & Linda Wrigglesworth 2000, p108.）	屏東江昶榮進士傳世夏帽漆盒‧溫蘭英女士收藏（筆者自攝）	藍布夏帽盒，國史館臺灣文獻館藏（典藏編號：0188-004-1）（筆者自攝）	藤編夏帽盒，國立傳統藝術中心藏（典藏編號：總號721）（筆者自攝）	布質冬帽盒，Royal Enginee-rs Meseum 藏（引自 Garry Dickinson & Linda Wriggle-sworth 2000, p111.）	布質冬帽盒，Royal Enginee-rs Meseum 藏（引自 Garry Dickinson & Linda Wriggle-sworth 2000, p111.）

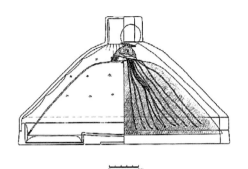

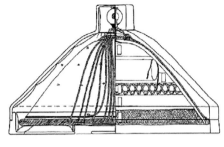

【圖 8-19】國史館藏帽盒與
七品夏行服冠等比例圖層疊套

（筆者繪製）

【圖 8-20】國史館藏帽盒與
二品吉服冠等比例圖層疊套

（屏東縣客家文物館藏，筆者繪製）

2. 帽架

　　清代帽架屬暫時性放置冠帽之工具，其製作材質多樣，包含陶瓷、漆木、玉石、銅質、藤竹編織等。其主要造形大致可分為筒形、柱形、支架形冠架【表 8-7】，一般擺放在桌案上以備主人隨時取用冠帽【圖 8-21】，部分帽架本身做工華麗，其造形與裝飾紋樣，皆可同時作為陳設用器，為兼顧實用與美觀的生活用器。

【表 8-7】清代帽架形制分類表

筒 形	柱 形		支架形	
Ｉ式	Ｉ式	Ⅱ式	Ｉ式	Ⅱ式
清，慎德堂款五彩福壽帽筒，國立故宮博物院藏。《數位典藏與數位學習聯合目錄》。http://catalog.digitalarchives.tw/item/00/33/47/f8.html（2014/10/01 瀏覽）	清乾隆，磁胎洋彩玲瓏轉旋冠架，國立故宮博物院藏。《數位典藏與數位學習聯合目錄》。http://catalog.digitalarchives.tw/item/00/33/06/f1.html（2014/10/01 瀏覽）	清，銅胎畫琺瑯福壽花卉冠架，北京故宮博物院藏（引自萬依、王樹卿、陸燕貞，2007 年，圖 185）	清末，木製雲頭紋帽架（引自 Valery Garrett 2007, fig. 123）	清末，象牙刻花折疊式三角帽架（引自 Valery Garrett 2007, fig. 123）

【圖 8-21】岸裡大社潘士萬家庭團欒圖（局部，右圖為帽架局部放大）

（日本天理大學藏，引自天理大學附屬天理參考館，2011 年，圖版 4）

六、小結

透過認識臺灣清代的官方冠服首飾的取得及消費形式後，我們更可進一步推論張虞廷、潘踏比厘、江昶榮出土與傳世頂戴的取得來源。

（一）張虞廷帽頂來源

臺南市張虞廷墓出土的銀鎏金朝冠頂，其底部見「金足成」款之店號【圖 8-22】，故筆者試圖查詢此店鋪可能的位置。有趣的是，該店號亦出現於臺南市祀典武廟之山川殿中東西壁，嵌有兩塊昭和八年（1933）的捐題芳名碑上。左側石刻碑為〈祀典武廟重修碑文〉，見本境寄附芳名：「金足成祖鋪、黃春益、漱竹居、黃森記、高順記……各全百五十圓。」【圖 8-23】而右側磁磚刻碑為〈祀典武廟落成建醮碑記〉，見六和境各街奉納芳名：「葉德時、材源號、孫孟津、福泰成、崇文堂、長房金足成、王江河、志成號……各奉納金三十五円。」【圖 8-24】此外，臺南市彌陀寺裡的〈彌陀寺重修碑記〉中，亦見：「貳十円也，長房金足成、林文朝、襲新發、蔡萬椿……」〔註 72〕，該碑立於昭和四年（1929），兩者證明金足成店鋪的存在。

【圖 8-22】
張虞廷墓出土
朝冠頂底部的
「金足成」款店號

（筆者自攝）

〔註 72〕臺南市彌陀寺位於臺南市東區東門路 129 號，關於碑碣內容引自：項潔，《國立臺灣大學──典藏古碑拓本（臺灣篇）》，臺北：國立臺灣大學，2005 年，頁 78〜79。該碑亦載錄於何培夫，《臺灣地區現存碑碣圖誌：臺南市（下）》，臺北：國立中央圖書館臺灣分館，1992 年，頁 405。

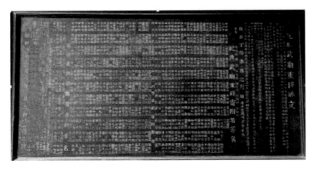

【圖 8-23】祀典武廟三川殿左側〈祀典武廟重修碑文〉（右圖為局部）

（筆者自攝）

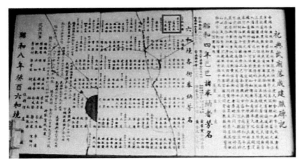

【圖 8-24】祀典武廟三川殿右側〈祀典武廟落成建醮碑記〉（右圖為局部）

（筆者自攝）

　　祀典武廟作為六和境的聯境主廟，兩塊捐題芳名碑皆在同一年份中出現「金足成祖舖」與「長房金足成」，顯示兩間店舖屬於祀典武廟周邊的店家。若對應清代街坊地圖，打銀街位於二十一境與六和境交界位置，故新舊金足成在清末日治時期，極有可能皆為鄰近打銀街的店舖，彼此間為祖舖跟新分舖的關係。若從時間上來推測，長房金足成應於日治初期由金足成祖舖分立，而張虞廷墓的這件銀朝冠頂最有可能是祖舖的產品，為現存臺灣本地所製作的清代官員頂戴第一例。此外，另一件四品藍色涅玻璃吉服冠頂因為座底螺絲已散佚，無法得知該帽頂原本是否戳有店號款，但就裝飾風格特徵而言，應為大陸地區進口的產品。

　　透過上述的理解，可初步確認金足成舖從清代一直延續到日治時期都有很好的發展，筆者亦試圖透過田野調查的方式確認金足成的發展概況。經調查後發現，「金足成」的招牌至今日仍存在，且位置亦接近過去的打銀街，可惜的是，根據經營人所述，「金足成」的招牌在 1944 年左右已經過產權轉讓，

之後的經營權也歷經幾代的傳承，因此現任經營者也對早期「金足成」的轉移狀況已不甚清楚。目前該公司做為供應全臺銀樓鉑金首飾加工的上游廠商，〔註 73〕早期亦透過學徒制的方式培養金工師傅，〔註 74〕後來都開枝散葉各自發展，可惜此時今非昔彼，過去人事則早已不在。

（二）潘踏比厘傳世帽頂來源

關於埔里潘踏比厘之六品白色涅玻璃頂之來源，《淡新檔案》中的內容提到潘氏獲陞北路屯千總後：

> 計繳蔴阿北屯把總員領鈐記一顆外，理合將考驗緣由，暨会加空白印，結聯銜具文詳送察核。俯賜考驗拔補，陞頒發鈐記承領，寔為公便等情。揭此，除批候考驗拔補發給鈐記暨分別移行外，合行札、知札到該縣即便知照，毋違此札。〔註 75〕

文中僅提到給予換發新的鈐記〔註 76〕外，並未特別提到另給予六品帽頂之相關事項，因此很有可能官方在執行例行性官員陞遷時，僅頒給印章以授予職權，並不額外提供周邊服飾用器以換戴。故潘氏在晉陞為千總之後，其六品補子與帽頂的換用，需自行備置。

（三）江昶榮進士獲頂來源

江昶榮進士的七品暨進士素金頂來源，若參考清代進士與舉人冠頂的頒給事例，道光朝《欽定禮部則例》曾提及：「傳臚日應備各貢士三枝九葉頂，豫行工部族移取時給發，事竣送回。……」〔註 77〕顯示貢士在傳臚日當天晉封進士時，內廷會提供進士冠服給參與典禮的諸生們，但活動結束後仍需另外繳還，隔日：「賜恩榮宴於禮部，宴讀卷官以下諸進士其鄉試中式諸生，給旗、匾、銀二十兩……進士旗、匾、銀三十兩，一甲三名各外加五十兩，第一名給冠服，一名以下表裏各一端。」〔註 78〕

〔註 73〕見附件三-5，Q1、Q3。

〔註 74〕張家瑀，《二次世界大戰（1945）後南臺灣金工手飾工藝演變》，高雄：樹德科技大學應用設計研究所碩士論文，2006 年，頁 186。

〔註 75〕引自《淡新檔案》編號：TH 17430_026_00_00_1、TH 17430_026_00_00_2，國立臺灣大學圖書館藏。

〔註 76〕鈐記為官員公文檔案核簽用印，為木製長立方形，該枚千總鈐記現仍由潘家後代保存。

〔註 77〕（清）長秀、齡椿等奉勒撰，《欽定禮部則例（上冊）》，臺北：成文出版社，1966 年，頁 512。

〔註 78〕（清）長秀、齡椿等奉勒撰，《欽定禮部則例（上冊）》，臺北：成文出版社，

　　之後又會在某日：「欽派二員在午門前，監放其應給狀元六品頂帽、披領、腰帶、手巾、荷包、小刀全分，及靴襪等物。豫行工部製備，屆期取用至狀元及諸進士，各具公服領賞謝恩。」〔註79〕文中訂定清代進士唯第一名狀元於殿試傳臚後至午門直接受頒六品衣冠等物，其餘進士僅頒給銀兩及表裏等，內廷不另行頒給冠服。光緒朝《欽定大清會典事例》記載道：「（順治）十五年定，殿試傳臚後五日，於午門前領賞。賜狀元六品朝冠、朝衣、補服、帶、鞾（靴）襪，進士各銀五兩……」〔註80〕，說明此種只有狀元才能直接由內廷親自頒贈冠服的模式，自順治朝已成定制。

　　其餘進士舉人衣冠等物需待返回各省後，由該省布政使司向民間採購，間接頒贈，所耗用銀兩可向工部覆銷。《大清會典》中即有開列出部分省布政使司上呈之冠頂採辦明細，【表 8-8】中可以明確看到各省所奏銷的帽頂金額各有所不同，且在品名上出現「帽頂」、「燒金銀頂」、「雀頂」三種，且在價格上也有所差距，這可能反應各省布政使司或頒吉服冠頂、或頒朝冠頂品項不一，在品質用料上或許會因為價格高低而有所落差。此一現象再次證明清代頂戴可透過朝廷直接或間接的頒贈方式取得，其中屏東江昶榮進士之素金頂，應為江氏中進士時，由臺灣布政使司採辦並頒贈之物，其價格約三錢不等。

【表 8-8】《大清會典事例》刊載各省布政司頂帽採辦明細表

省　份	類　型	物　名	物料銀（銀／單件）
江南省	頂	帽頂	三錢七分
	帽	--	--
湖北省	頂	銀帽頂	五錢
	帽	--	--
浙江省	頂	雀頂	九分
	帽	紅纓緯帽	三錢

　　　　　1966 年，頁 516。

〔註79〕（清）長秀、齡椿等奉勒撰，《欽定禮部則例（上冊）》，臺北：成文出版社，
　　　　　1966 年，頁 517。

〔註80〕（清）崑崗等奉勒撰，《欽定大清會典事例（一二）》（影印光緒二十五年本），
　　　　　臺北：新文豐出版公司，1976 年，頁 9871。

廣東省	頂	雀頂	三錢四分
	帽	絨帽	四錢
四川省	頂	帽頂	三錢
	帽	涼帽	五錢
雲南省	頂	雀頂	三錢
	帽	絨纓帽	六錢
江西省	頂	燒金銀頂	二錢五分四釐八毫二絲
	帽	緯帽	二錢
湖南省	頂	--	--
	帽	絨帽	二錢七分四釐

註：1. 以上所列金額為嘉慶五年之例

　　2. 表中「--」為未記其項目者。整理自（影印清光緒 25 年本）《欽定大清會典事例（一二）》，臺北：新文豐出版公司，1976 年，頁 9873～9874。

第玖章　結　論

　　本篇論文不敢說是具有開創性的研究，但筆者試圖透過幾種不同研究方法與觀察角度，重新檢視清代頂戴與冠帽上的關係。此外，本研究亦首次針對考古與臺灣歷史傳世的歷史服飾文物進行一系列的記錄與分析工作，發揮藝術史研究中關注於文物與文獻之間的脈絡性議題，從中觀察到過去相關研究未曾注意的面向。然而，從事田野調查的過程中，亦使筆者對於臺灣現行的文化資產保存機制與概況提出個人的反思，關於研究具體成果與反思，以下各別進行討論。

一、具體研究成果

（一）關於頂戴的風格疏理

　　藉由頂戴的裝飾風格脈絡的疏理，可知清代各時期頂戴頂座裝飾風格亦伴隨著時間存在著演進的現象，其中吉服冠頂頂座裝飾最早由花葉瓣紋逐漸發展出特定減地母題圖像的多元面貌。此外，吉服頂頂珠的寬圓、正圓與束圓形在當時皆可自由選擇，故在形式上較無法進行風格上的區分。朝冠頂頂座裝飾則延續明晚期的蓮瓣紋布局，其蓮瓣紋在清中期以後逐漸出現延伸出蓮瓣形開光的形式，即在蓮瓣框中出現其它圖像母題。

　　此外，朝冠頂頂石呈橢圓或角柱狀，雖然在古代文獻上曾提到其作為區分宗室貴族與一般官員的不同。但綜觀各朝清代會典圖，乾隆朝會典圖中親王至品官朝冠頂石皆呈橢圓形。至嘉慶朝以後，角錐狀頂石的形象才正式出現在會典圖中，皆未明文規定兩種形式之間的差異。故可以保守推測，橢圓形頂石應為清代朝冠頂頂石最早形式，爾後才加入角錐狀頂石的形式，兩種

形式並存的情況下便進一步延伸作為區分宗室成員與否的重要依據，其中又以宗室成員用頂繼承較傳統的頂石樣式。

（二）確認頂戴與官帽的結構關係

本次研究透過實物的觀察與檢視，發現清代頂戴裝飾於冠帽上的方式，不同於元明以來採用縫綴法，而是運用西洋的螺絲零件，將帽頂自由拴合於冠帽上。關於清代頂戴的螺絲結構，在乾隆朝已有使用。同治以前，其座柱螺絲與座底螺絲，採公螺絲形式對拴於座底的母螺絲中。至光緒時期，座底螺絲演化成公母螺絲合一的形式，可直接與座柱螺絲對拴。

臺南水交社出土的不明蓋形器，透過參考私人收藏的頂戴文物，可推測應為清代帽栓上的夾片結構，即王侃所謂「小轉錢」的另一種形式。清代頂戴中的拴合裝置係為清代冠頂制度健全發展下的結果，並也因為方便替換，促使了頂戴的消費需求量增加。

此外，清代冠帽與身服亦同樣具備替換重組的特性，取決於國朝服飾於創制時即秉持保留女真舊俗的傳統，故在基礎上可以看見統一的服裝形制，為因應不同的場合，在冠帽形制上以帽頂與帽纓進行區隔；在服裝上僅與裙襬形式與紋飾表現上有所調整。因此，在過去普遍認知清代服飾具開裾箭袖的形式符合北方騎獵文化的機能需求的論述下，[註1]筆者認為，開裾箭袖僅作為服飾上的文化表徵，然而清代服飾可隨時依照各式場合自行重新組裝穿搭的特性，更作為繼承此一文化的深層內涵。

（三）透過官帽遺物見證臺灣與中國的物質文化交流

臺灣納入清朝版圖以後，由於島上匯集了平埔與高山原住民族群，以及福建、廣東的漢族移民，如此複雜的族群分佈，致使清廷在管理上陸續頒定各式對臺的行政措施。其中在官員的任用上，臺灣漢人可透過傳統科舉、蔭嗣、舉薦、捐納等方式謀求職銜，官服對於漢人而言是一種社會地位的象

〔註1〕 相關研究論述見周錫保，《中國古代服飾史》，北京：中央編譯出版社，2011年1月（再版），頁444。李英華，〈清代冠服制度的特點〉，《故宮博物院院刊》，1990年第1期，頁63～64。宗鳳英，〈從清代服飾特點看早期滿民族的務實求實精神〉，《故宮文物月刊》，2001年12月，頁84～95。張瓊，《清代宮廷服飾》，香港：商務印書館，2005年12月，頁17。李理，《白山黑水滿州風》，臺北：國立歷史博物館，2012年2月，頁45～47。嚴勇，〈清代宮廷服飾的種類及其特點〉，《國采朝章：清代宮廷服飾》，香港：香港歷史博物館，2013年，頁14～15。

徵，故臺灣商賈子弟捐納為官者的案例多矣。直至日治時期，家中長者穿戴
前朝官服更具有輩份崇高的意味。另一方面，原住民族則藉由清代番屯制的
實施，亦獲得任官的機會，故番人為官者更成為部落與漢人之間溝通的正式
管道，其中身著清代官服或頭戴紅纓帽的裝束更做為接近天朝的權力標誌。

因此臺灣在清代出現了本土的官宦階層，官家服飾用器的需求也日趨頻
繁，此一現象亦促使清代臺灣府城內帽街、鞋街與打銀街的出現，其中清代
涼煖帽子由早期中國進口，逐漸發展出自行生產的能力。有趣的是，不管是
臺灣漢人亦或是原住民族的消費者，他們可曾想到，諸類所謂的漢人服飾，
竟源自於千里之遙的東北白山黑水之地，由另一群馳騁於山林草原的非漢族
群所設計。

（四）發現清代帽頂與臺灣金屬手工業發展的聯繫

臺南市張虞廷墓所出土的「金足成」款銀鎏金朝冠頂座，此款應作為臺
南本地金銀首飾用器製作之店家。相似帶戳有店號款朝冠頂案例，亦見於上
海市天鑰橋路出土的「方九霞」款銀鎏金朝冠頂。上述兩則案例透過比較，
顯示清代晚期臺南本地已具備成熟的銀器加工技術，且不亞於中國內地。此
外，金銀首飾的訂製亦包含朝冠頂的製作，與吉服冠頂的銘款一樣，皆反應
清代帽頂做為消費商品的特質。

金足成銀樓的經營一直延續至日治時期，見證臺南城內的金銀加工業於
日治時期依舊蓬勃發展，並做為臺灣金銀加工業的發源地，只是作為清代官
服使用的朝冠頂品項，隨著時代的變遷逐漸失去市場的消費需求，而金牌、
首飾、陳設器等工藝品的製作仍作為日本時期打銀街的主流形商品。

（五）針對考古、傳世文物與各館藏之文物分級

現行《文化資產保存》（以下簡稱《文資法》）第六章「古物」類之「古物
分級登錄指定及廢止審查辦法」中第 2、3、4 條，將古物分成一般古物、重
要古物、國寶三級如下：〔註2〕

1. 一般古物之登錄

依下列基準為之：一、具有歷史意義或能表現傳統、族群或地方文化特
色。二、具有史事淵源。三、具有一定之時代特色、技術及流派。四、具有

〔註2〕盛治仁，《文化資產保存法》（第三版），臺北：行政院文化建設委員會，2009
　　　年11月，頁105～106。

藝術造詣或科學成就。五、具有珍貴及稀有性者。六、具有歷史、文化、藝術或科學價值。（前項基準，直轄市、縣市主管機關得依地方特性，另定補充規定。）

2. 重要古物之指定

依下列基準為之：一、具有重要歷史意義或能表現傳統、族群或地方文化特色。二、具有史事重要淵源。三、具有重要之時代特色、技術及流派。四、具有重要藝術造詣或科學成就。五、品質精良且數量稀少。六、具有重要歷史、文化、藝術或科學價值。（前項基準，中央主管機關得依地方特性，另定補充規定。）

3. 國寶之指定

依下列基準為之：一、具有特殊歷史意義或能表現傳統、族群或地方文化特色。二、歷史留傳已久或史事具有深厚淵源。三、具有特殊之時代特色、技術及流派。四、具有特殊藝術造詣或科學成就。五、品質精良且數量特別稀少。六、具有特殊歷史、文化、藝術或科學價值。（前項基準，中央主管機關得依地方特性，另定補充規定。）

筆者依照現行《文資法》之準則，針對本次研究所收集到的考古出土文物、私人歷史傳世收藏與公立單位典藏品文物，進行分級建議：

（1）建議列一般古物之文物

本次建議列一般古物之文物者共五件，分別為：臺南市張虞廷墓出土的銀鎏金朝冠頂（研究編號：JYT-02，共一件）、南投市潘踏比厘傳世六品白色涅玻璃吉服冠頂（研究編號 PTBL-01，共一件）、屏東縣江昶榮傳世七品暨進士夏行服冠與五品冬吉服冠、漆夏冠盒（研究編號 JCR-01、JCR-02、JCR-03，共三件）。

以上官帽文物在清代做為官員日常用品，並非罕見，並在全臺公私立典藏單位所藏清代服飾中皆有典藏。但考慮到文物製作工藝具有時代特徵，各自亦具有明確歷史脈絡。其中張虞廷朝冠頂可見證清代臺南地區金銀首飾加工業的發展歷程，而潘踏比厘與江昶榮皆經歷臺灣重要歷史事件發展，皆為一般官帽藏品中所缺乏的重要歷史文化意義，故極為難得可貴，在此一併建議正式列為一般古物。〔註3〕

〔註3〕關於文物分級評定項目可參考附件一表格。

（2）建議登錄列冊之文物

本次建議登錄列冊之文物者共八件，分別為：水交社出土六品涅玻璃吉服冠頂（出土編號 UT-0021，共一件）、臺南市張虞廷墓出土的四品藍色涅玻璃冠頂（研究編號：JYT-01，共一件）、國史館臺灣文獻館藏七品暨進士夏行服冠、羽纓涼帽與藍布夏帽盒（研究編號 GSG-01、GSG-02、GSG-03，共三件），國立傳統藝術中心館藏七品暨進士夏行服冠、藤編夏帽盒（研究編號 CY-01、CY-02，共二件）及屏東縣立客家文物館藏文武二品夏吉服冠（研究編號 PDKJ-01，共一件）。

以上七件文物雖保存完整，其中屏東縣客家文物館藏二品夏吉服冠更為清代高級官員品秩，清代臺灣歷史上堪以配用者寥寥無幾，故若為臺灣歷史傳世文物則可視為相當罕見之物。主要原因在於諸項文物多為購買或受贈之藏品，其形制完整且保存狀況穩定，但在沒有明確的歷史或收藏脈絡下，反映的歷史訊息相較有限，但若做為呈現臺灣清代官員或常民的夏冠形式，皆為不錯的展示教材，故筆者建議主管機關或典藏單位宜自行列冊登錄，本論文亦將登錄完成之內容列於附件，提供未來可參考的格示範例，作為未來典藏與展示可應用之資料。

二、古物研究、分級與保存的再思考，以臺灣私人傳世官帽文物為例

（一）到底要保存甚麼？

筆者不斷的思考古物分級意義為何，吾人又能分級過後的文物又透過保存獲得些甚麼。若從有形或無形目的來思考，有形的目的即古物本身的形體可得以永久的保存，使其免於毀壞消失。無形的目的則將古物視為一個載體，其背負著一段歷史的記憶、古代技藝等諸多文化特徵的體現，而教育後世即為它存在使命。以上兩個方向亦促使著文化主管機關竭盡全力透過立法、軟硬體建置與大眾教育等方式著手，企圖以國家的力量來保留屬於全民的文化資產。

怎樣的物件才足以稱之為古物，甚至有必要透過國家的法規進行指定，首先可從《文資法》中第三條第六款中，看到古物定義為：「指各時代、各族群經人為加工具有文化意義之藝術作品、生活及儀禮器物及圖書文獻等。」〔註4〕

〔註4〕盛治仁，《文化資產保存法》（第三版），頁2。

可知其泛指各時代之人為加工物品，且具有特定文化意涵。若進一步檢視法規中的古物分級評定標準，大致可以看到被認定有保存必要之古物，其具備內在與外在的兩種特質。首先是內在特質，從器物的被創作及其被賦予的功能性，皆能反應特定傳統工藝、文化風俗、文明發展等諸多意涵；而外在特質，可從時間的角度來理解，該古物不管是文物本身或是其流傳過程中，皆具有明確的歷史脈絡。最後是古物的稀有性，主要針對該件古物之實際存世數量進行考量。

　　臺灣之歷史傳世文物大致皆符合上述之特質，與一般傳世文物不同之處，在於文物的原屬來源較為明確，而非透過其它藏家所購買或捐贈之物，且吾人甚至無法考據這些文物透過何種管道由藏家所取得、轉讓，文物已與本身的歷史脈絡及所屬空間脫節，大幅降低其研究價值。而臺灣現有歷史傳世文物主要來自大型博物館的早期收藏（如宮廷舊藏、田野採集標本等）〔註5〕、地方文化機關藏品〔註6〕、古蹟建築內文物〔註7〕與私人所繼承的先人遺物〔註8〕。其中又以古蹟建築內文物與私人之繼承遺物在時間與空間較

〔註5〕 如國立故宮博物院之藏品，主要繼承大陸北京清宮舊藏皇家文物。而國立臺灣博物館則承襲日本帝國時期總督府博物館時，由民族學者所採集的各式田野標本。

〔註6〕 為地方文化機關轄下文物館之文物典藏。實際專門之研究案例可見盧泰康，《府城登錄古文物研究計畫——明鄭時期文物清查與分級建議》，臺南：國立臺南藝術大學藝術史學系，2009年。盧泰康，《高雄市立歷史博物館——館藏陶瓷文物委託研究計畫期末報告書》，委託單位：高雄市立歷史博物館，2013年12月。

〔註7〕 主要針對原處於公共古蹟建築內之文物，其中以地方寺廟數量較多，主要存有宗教禮俗器物、碑碣、匾額楹聯等物。目前從事專門古物登錄與普查等研究工作之學術機構，以國立臺南藝術大學藝術史學系與私立逢甲大學歷史與文物研究所之成果較為豐碩，並符合《文資法》文物登錄之原則。相關研究可見盧泰康，〈古寺遺珍——臺南開元寺所藏陶瓷〉與「文物圖版（陶瓷部份）」，《物華天寶話開元　臺南市二級古蹟開元寺文物精華》，臺南：臺南開元寺，2010年，頁206～221、247～255。黃翠梅、李建緯、黃猷欽、林素幸，《臺南市國定（第一級）宗教性古蹟內古物普查計畫結案報告》，臺南：國立臺南藝術大學藝術史學系，2011年7月。李建緯，《彰化縣古蹟中既存古物登錄文化資產保存計畫》，彰化市：彰化縣文化局，2012年4月。李建緯，《第二期彰化縣古蹟中既存古物登錄文化資產保存計畫》，彰化：彰化縣文化局，2013年3月。盧泰康、王竹平，《屏東縣琉球鄉碧雲寺——傳世陶瓷文物研究與修護》，臺南：國立臺南藝術大學藝術史學系，2014年7月。

〔註8〕 主要針對私人家族其先人遺留下來之文物，因代代相傳承襲，歷史脈絡較為明確。

具有完整的聯結性，若釐清該物件的擁有者或是其所處的地點，即可具體確認文物的傳承關係。透過古蹟的修建歷程或先祖的歷史文獻的考證，對於文物的年代判訂及其流傳背景能有非常重要參考依據。

　　以本次研究內容為例，大抵確認南投埔里潘踏比厘千總與屏東六堆江昶榮進士傳世官帽與頂戴文物之工藝特點、歷史脈絡、使用方法等各項文化價值，讓吾人得以認識清代光緒時期的官帽頂戴樣式及製作方法，及其對於臺灣歷史發展的特殊意義。該成果除了獲得文物無形的歷史、文化、藝術內涵外，亦同時包含文物具體保存概況與科學檢測記錄，未來皆能提供地方主管機關進行登錄保護時的優先參考，同時透過以上資料得以更準確掌握轄內文物的文化價值及保存上的必要性。

（二）文物保存的務實辦法

　　所有的古物分級的評判標準皆是需要經過事前的研究工作，以永續保存為目的之下，需從文物本身保存狀況及背後相關檢視與研究資料等兩個面向著手，其中又以後者最為重要，且機動性較高，不用將文物為轉移至專門實驗室做長距離的移動，僅需攜帶各式攝影器材與隨身測量工具，就能即時先將文物的影像、尺寸與結構特徵先進行初步詳實的記錄。

　　此外，在面對私人收藏之文物時，若已做好完整的記錄，假使因為所有權的紛爭導致無法及時將文物指定保存，爾後文物仍有可能遭受到毀壞或轉賣等各種不確定因素，影響保存工作的進行。然而先前所的記錄資料，反而能透過轉化成研究報告或檔案建置的形式，獲得國家或學術力量的保護，永傳後世。反之，不精確的記錄反而淪為斷簡殘篇，一旦文物實體不再，這件文物的歷史或文化訊息將隨著模糊的文字永遠消失。〔註9〕

　　在充分研究的前提下，吾人又能從古物裡獲得什麼樣的訊息，以臺灣傳世清代官帽為例。在外在的形制表現上，清代涼煖式官帽與帽頂在中國歷代官服發展脈絡裡，具有強烈的獨特性格，除了成功融合北方騎獵服裝與中原

〔註9〕學者盧泰康與李建緯曾指出，現行地方機關所委託古物研究執行團隊因為學術背景不同（包含藝術史學、歷史學、考古學、地方文史工作者、文化創意產業等），出現專業性不一的現象，其中部分專業在進行古物登錄時，出現僅以「文字記錄」的形式，但其中除了用詞不精確外，對文物的製作材料及年代亦往往交待不清，致使在價值判定上出現偏差，皆使古物調查的學術專業性大打折扣。詳見盧泰康、李建緯，〈臺灣古蹟中既存古物調查的現況與反思〉，《文化資產保存學刊》，2013年第25期，頁100。

文化的章服系統，帽頂的設計更顯示清代官員制度的成熟發展。此外，透過實地的文物檢視，發現清代帽頂的結構中出現螺絲的設計，提供吾人在官服制度史以外，帽頂螺絲作為西方科學工業技術結合中國首飾工藝的結晶，這亦是過去服飾研究中鮮少被提及的。

清代官帽與帽頂內在的文化資產價值，直接取決於戴用者本身的歷史定位，即是文物的深層內涵。潘踏比厘的六品吉服冠頂代表著臺灣北路屯千總的職位，正因為此項頭銜，才得以於清廷割臺之後，代表埔里地區向日本人投誠，換得保全埔里盆地的和平，免於戰禍所苦。

江昶榮的冬吉服冠上的七品暨進士帽頂，除了反映江氏的文學造詣使他獲得功名外，亦留下許多發人省思的詩篇，確也同時述說著從獲官至免職的辛酸歷程。但這些挫折都阻止不了江氏對六堆地區的文教建設，那五品夏行服冠上的帽頂，即是朝廷對他的貢獻所作出的肯定，更受後人所景仰。

然而，上述兩件傳世案例中，皆仍留下其它除官帽以外的重要文物。筆者認為，所謂古物的「歷史史事價值」，更需要透過這些文物的串聯才能構成。臺灣進入歷史時期，歷經西班牙、荷蘭、南明、滿清、日本各時期的政權統治，清代官服亦象徵著滿清政權的冠服、行政、科舉等制度所帶來文化影響，對臺灣物質文化發展史占有不可或缺的地位。

（三）現行國內文物保護的限制與改善建議

文化部古物科蔡科長美麗曾表示，中央每年都會補助地方政府去做古物普查，但效率不彰，地方執行登錄情況更不及於中央。私人收藏的處理方式礙於私有財可動的原則，往往是屬地主義的概念下去執行的，而地方的公家收藏則因法律強制性太差，所以執行上有難度。〔註10〕雖然法律的制度尚有改善的空間，但筆者認為真正影響地方執行古物普查登錄的反而是政府的實際作為上的限制，在經費不足的理由下，對文物的處理亦往往力不從心，以致難以完全發揮把關的功能。

然而，縣市政府文化局作為地方文化資產的主管機關，有必要對轄內現有的文物實際數量、現存地點進行通盤的掌握。此外，執行相關業務的部門，承辦人員自身除了熟知《文資法》之法規細則外，更需對諸如地方文史特色、文物保護、文物典藏管理等相關議題有基本的認識。

〔註10〕鄭又嘉，〈困難重重的古物分級之路——專訪文化部文化資產局古物遺址組科長蔡美麗〉，《典藏古美術》，2014 年 8 月第 263 期，頁 141。

　　以江昶榮傳世文物為例，江氏作為屏東六堆地方重要的歷史名人，更象徵著屏東客家聚落的文風鼎盛。但在田野調查的過程中，家屬曾跟筆者反應，地方機關曾藉由展覽需求跟家屬提借江氏遺物進行展示，但借出過程中皆未有簽署正式文件，加上展示場地與典藏環境的不完善，致使家屬萌生取回之意，爾後機關才趕緊追加相關文件，進一步辦理正式捐贈事宜，但家屬仍收回江昶榮官帽、帽盒與硃卷板等文物。

　　此一事件突顯地方主管機關轄下單位在專業度上在一開始就遭受到家屬的質疑，更間接產生出不信任感，這無關中央法令或是地方主管機關是否具有強制力與否，而是中央與地方機關是否能同步展現出對文化資產與古物維護的專業性。筆者認為，私人傳世文物登錄與保存工作，首重公家與私人達成共識，即使在經費或硬體設備缺乏的情況下，若能借助學術機構之古物研究與修護專業，建立良好的溝通橋樑，依然能提升主管機關執行古物普查的效能，並充分展現國家對文物的重視與維護的誠意。在文物獲得絕對保障的前題下，方使物主認同登錄保存的必要性。爾後透過古物學術專業人員進行文物的深化研究以及文物的價值認定，發揮有形文化資產保存的核心價值。

三、心得與感言

　　求學期間常有學弟妹在問，藝術史學系安排的課程對學生有甚麼幫助？亦或是從系上或所上畢業後又能找到怎麼樣的工作？在大學畢業後至攻讀研究所得這段時間，透過一次又一次的參與相關古物研究普查計畫，筆者仍不斷思索這個問題，業師經常對筆者耳提面命的一句話：「藝術史得以永續發展的前提，就是獲得社會的需求。」

　　而本次研究成果，亦不僅是針對官帽或頂戴的專題研究，對筆者而言，更是古器物研究的具體實踐。從野外的考古發掘開始，筆者接受風吹日曬的嚴格考驗，並親手將破碎的帽頂頂珠，一塊塊運用修護的專業拼回來，同時培養筆者的專注力與耐心。此外，在實地田野調查時，需規劃工作內容、接洽訪談對象、準備調查器具，最後要不計距離遠近的抵達訪談地點，雖然過程艱辛，但能夠將所有一手資料一點一滴的記錄下來，也讓筆者著實有了成就感。此外，透過自己的專業，將深藏於臺灣民間的家族傳世遺物進行記錄與研究，協助收藏者將這些無法及時獲得良好典藏環境的「傳家之寶」，不至

任其毀壞凋零，並轉化成學術知識使其永續保存。

最令筆者感動的是，在受訪者面前（博物館或私人收藏），自己已被認定是專業人士，而透過筆者的研究成果，可以協助受訪者更認識文物的重要性，並獲得尊重與認同。〔註11〕讓筆者三年的碩士生涯，彷彿執行了短期研究案一般，置身職場。如此的訓練，對未來希望能繼續以古器物研究做為志業的筆者來說，在往後研究生涯路上，將受用不盡，並希望以此為基礎，繼續為臺灣的文化資產保存事業貢獻己力。

〔註11〕 筆者針對屏東縣客家文物館藏官帽進行田野調查工作，相關訊息被刊登於館方網路社團公告裡。詳見 facebook「Liou Duei（生活學院）」社團網址：https://www.facebook.com/photo.php?fbid=391821810866422&set=a.107434565971816.3827.100001158206908&type=3&theater（刊登日期：2012 年 7 月 20 日）

參考文獻

歷史文獻

1. 不著撰人，《天水冰山錄》（附錄一），北京：中華書局，1985 年。

2. 不著撰人，《安平縣雜記》，南投：臺灣省文獻委員會，1993 年 9 月 30 日。

3. 中國第一歷史檔案館、中國社會科學院歷史研究所，《滿文老檔》，北京：中華書局，1990 年 3 月。

4. 中國第一歷史檔案館、海峽兩岸出版交流中心，《明清宮藏臺灣檔案匯編》，北京：九州出版社，2008 年 8 月。

5. 中央研究院歷史語言研究所，《明清史料》卷冊：丙 03，臺北：中央研究院歷史語言研究所，1936 年 11 月。

6 北京故宮博物院，《九卿議定物料價值》，海南：海南出版社，2000 年 6 月。

7. （元）陶宗儀，《南村輟耕錄》，北京：中華書局，2008 年。

8. （元）脫脫等，《金史》，北京：中華書局，1975 年 7 月。

9. （明）王徵、鄧玉函，《遠西奇器圖說（一）》，北京：中華書局，1985 年。

10. （明）申時行等修、趙用賢等纂，《大明會典》（續修四庫全書），上海：上海古籍，2002 年。

11. （明）宋濂、王禕，《元史》，臺北：鼎文書局，1977 年。

12. （明）沈德符，《萬曆野獲編》（明代筆記小說大觀三），上海：上海古

籍出版社，2005 年。

13. （明）李民憲，〈建州聞見錄〉，《柵中日錄校釋、建州聞見錄校釋》，瀋陽：遼寧大學歷史系，1978 年 10 月。

14. （明）徐學聚，《國朝典彙》，北京：書目文獻出版社，1996 年 7 月。

15. （明）葉子奇，《草木子》，北京：中華書局，2010 年。

16. （清）文康，《兒女英雄傳》，臺南：世一書局，1982 年 6 月。

17. （清）王侃，〈皇朝冠服志〉，《巴山七種》，光裕堂刊本，中央研究院歷史語言研究所傅斯年圖書館藏（典藏編號：089.76 033 v.1）。

18. （清）王必昌，《重修臺灣縣志》（《臺灣文獻史料叢刊》第二輯），臺北：大通書局，1984 年。

19. （清）允祿等纂修，《大清會典（雍正朝)》，臺北：文海出版社，1994～1995 年。

20. （清）允祹，《大清會典（乾隆朝)》，武英殿本，國立故宮博物院藏（故殿 035104）。

21. （清）允祿，《皇朝禮器圖式》，揚州：廣陵書社，2004 年 1 月。

22. （清）伊桑阿等纂修，《大清會典（康熙朝)》，臺北：文海出版社，1993 年。

23. （清）朱軾、常鼐等，《大清律集解附例》（收錄《四庫未收書輯刊》壹輯貳拾陸冊），北京：北京出版社，2000 年 1 月。

24. （清）托津等，《欽定大清會典（嘉慶朝)》，臺北：文海出版社，1993 年。

25. （清）李虹，《朝市叢載》，北京：北京古籍出版社，1995 年 7 月。

26. （清）吳振棫，《吉養齋叢錄》，北京：中華書局，2005 年 12 月。

27. （清）周壽堂，《思益堂日札》（收錄《續修四庫全書》），上海：上海古籍出版社，2002 年。

28. （清）昭槤，《嘯亭雜錄》，北京：中華書局，1980 年。

29. （清）夏仁虎，《舊京瑣記》，北京：北京古籍出版社，1986 年 7 月。

30. （清）徐珂，《清裨類鈔》（第十三冊），北京：中華書局，2010 年 1 月。

31. （清）袁棟，《書隱叢說》（收錄《續修四庫全書》），上海：上海古籍出版社，2002 年。

32. （清）陳其原，《庸閒齋筆記》，北京：中華書局，1989 年 4 月。

33. （清）陳文達，《臺灣縣志》（《臺灣文獻史料叢刊》第二輯），臺北：大通書局，1984 年。

34. （清）陳培桂，《淡水廳志》（《臺灣文獻叢刊》第一輯 18），臺北：大通書局，1984 年。

35. （清）陳朝龍，《新竹縣采訪冊》（《清代臺灣方志彙刊》第三十五冊），臺南：國立臺南歷史博物館，2011 年 10 月 30 日。

36. （清）黃叔璥，《臺海使槎錄》，北京：北京線裝出版社，2012 年。

37. （清）張廷玉等，《明史》，北京：中華書局，1974 年。

38. （清）陸心源，《儀顧堂集》，北京大學圖書館藏本。

39. （清）陸以湉，《冷廬雜識》，北京：中華書局，1984 年 1 月。

40. （清）崑岡等，《欽定大清會典圖（光緒朝）》，上海：上海古籍出版社，2002 年。

41. （清）崑岡等，《欽定大清會典事例（光緒朝）》，北京：中華書局，1991 年。

42. （清）崑岡等，《欽定大清會典事例（一二）》，臺北：新文豐出版公司，1976 年。

43. （清）葉夢珠，《閱世編》，北京：中華書局，2007 年 9 月。

44. （清）福格，《聽雨叢談》，北京：中華書局，1984 年 8 月。

45. （清）潘榮陛，《帝京歲時記勝》，北京：北京古籍書局，1981 年 8 月。

46. （清）劉廷璣，《在園雜志》，北京：中華書局，2005 年 1 月。

47. （清）歐家廉，《清實錄》，北京：中華書局，1987 年。

48. （清）長秀、齡椿等奉勒撰，《欽定禮部則例（上冊）》，臺北：成文出版社，1966 年，頁 235。

49. （清）謝金鑾，《重修臺灣縣志》（《臺灣文獻史料叢刊》第二輯），臺北：大通書局，1984 年。

50. 吳元豐主編，《內閣藏本滿文老檔》，瀋陽：遼寧民族出版社，2009 年。

51. 黃彰健校刊，《明實錄》，臺北：中央研究院歷史語言研究所，1962 年。

52. 國立臺灣大學，《淡新檔案》（複印本），臺北：國立臺灣大學圖書館藏。

53. 國立故宮博物院，《內務府造辦處各作成做活計清檔》（複印本），臺北：

國立故宮博物院藏。

54. 臺灣歷史博物館，《明清臺灣檔案彙編（第三輯・39 冊）》，臺北：遠流出版社，2007 年 12 月。

55. 臺灣史料集成編輯委員會，《明清臺灣檔案彙編（95 冊）》，臺南：臺灣歷史博物館，2009 年 10 月 31 日。

56. 臺灣史料集成編輯委員會，《明清臺灣檔案彙編（97 冊）》，臺南：臺灣歷史博物館，2009 年 10 月 31 日。

中文專書

1. 山東省博物館，《山東省博物館館藏——藏珍服飾卷》，山東：山東文化音像出版社，2004 年 12 月。

2. 上海市文物管理委員會，《上海明墓》，北京：文物出版社，2009 年 11 月。

3. 中國國家博物館，《中國國家博物館館藏文物研究叢書——繪畫卷（歷史畫）》，上海：上海古籍出版社，2006 年。

4. 北京故宮博物院，《故宮鐘錶》，北京：紫禁城出版社，2008 年 4 月。

5. 北京故宮博物院，《清宮服飾圖典》，北京：紫禁出版社，2010 年 6 月。

6. 北京故宮博物院，《清代宮廷繪畫》，北京：文物出版社，1995 年 4 月。

7. 北京文物精粹大系編委會、北京市文物局，《北京文物精粹大系——金銀器卷》，北京：北京市文物局，2004 年 4 月。

8. 北京市文物局、北京文物鑒賞編委會，《明代金銀器》，北京：北京美術攝影出版社，2006 年 1 月 1 日。

9. 北京市文物局、北京市文物研究所，《北京奧運場館考古發掘報告（上、下）》，北京：科學出版社，2007 年 11 月。

10. 北京市文物研究所，《南水北調中線一期工程文物保護項目——北京段考古發掘報告集》，北京：科學出版社，2008 年 4 月。

11. 北京市文物研究所，《魯谷金代呂氏家族墓葬發掘報告》，北京：科學出版社，2010 年 1 月。

12. 北京市海淀區博物館，《海淀博物館》，北京：文物出版社，2005 年。

13. 天津市文化遺產保護中心，《天津考古（二）》，北京：科學出版社，2013 年 3 月。

14. 王雲英，《清代滿族服飾》，瀋陽：遼寧民族出版社，1985 年 12 月。

15. 王雲英，《再添秀色——滿族官民服飾》，瀋陽：遼海出版社，1997 年。

16. 王文雄，《返古風潮——聽客家文物說故事》，屏東：屏東縣政府，2010 年 10 月。

17. 王宇清，《中國服裝史綱》，臺北：國立歷史博物館，1994 年 9 月。

18. 王秉愚，《老北京風俗詞典》，北京：中國青年出版社，2009 年 1 月。

19. 王永斌，《享譽京城的老店鋪》，北京：中國時代經濟出版社，2009 年 1 月。

20. 王雅倫，《法國珍藏早期臺灣影像 1850～1920》，臺北：雄獅出版社，1997 年 6 月。

21. 王宏剛、于國華，《滿族薩滿教》，臺北：東大圖書公司，2002 年 6 月。

22. 王學新，《埔里社退城日誌暨總督府公文類纂鄉關史料彙編》，南投：國史館臺灣文獻館，2004 年 12 月。

23. 王彥章，《清代獎賞制度研究》，安徽：安徽人民出版社，2007 年 9 月。

24. 內蒙古自治區文物文物考古研究所、包頭市文物管理處，《包頭燕家梁遺址發掘報告（上））》，北京：科學出版社，2010 年。

25. 內蒙古自治區第三次全國文物普查領導小組辦公室，《內蒙古自治區第三次全國文物普查新發現》，北京：文物出版社，2011 年 1 月。

26. 古方，《中國出土玉器全集(7)》（江蘇、上海），北京：科學出版社，2005 年 10 月。

27. 古方，《中國出土玉器全集（8)》（浙江），北京：科學出版社，2005 年 10 月。

28. 古方，《中國出土玉器全集（13)》（四川、重慶），北京：科學出版社，2005 年 10 月。

29. 江西省博物館等合編，《江西明代藩王墓》，北京：文物出版社，2010 年。

30. 安双城，《滿漢大辭典》，瀋陽：遼寧民族出版社，1993 年 12 月。

31. 朱漢生，《清代皇帝與文官服飾之研究》，臺北：輔仁大學織品服裝研究所碩士論文，2000 年 3 月。

32. 杜正勝，《景印解說番社采風圖》，臺北：中央研究院歷史語言研究所，

1998 年 3 月。

33. 李永貞，《清朝則例編纂研究》，上海：世界圖書出版公司，2012 年 5 月。

34. 李洵、薛虹，《清代全史（第一冊）》，瀋陽：遼寧人民出版社，1991 年 7 月。

35. 李理，《清代官制與服飾》，瀋陽：遼寧民族出版社，2009 年 1 月。

36. 李理，《白山黑水滿州風》，臺北：國立歷史博物館，2012 年 2 月。

37. 李建緯，《先秦至漢代黃金製品工藝與身體技術研究——兼論其所反映的文化交流與身分認同問題》，國立臺南藝術大學藝術創作理論研究所博士論文，2010 年 1 月。

38. 李建緯，《彰化縣古蹟中既存古物登錄文化資產保存計畫》，彰化市：彰化縣文化局，2012 年 4 月。

39. 李建緯，《第二期彰化縣古蹟中既存古物登錄文化資產保存計畫》，彰化：彰化縣文化局，2013 年 3 月。

40. 李建緯，《中國金銀器的時尚、表徵與技藝》，臺中：捷太出版社，2013 年 12 月。

41. 李雲光，《南海康先生法書》，臺北：明謙有限公司出版，1985 年。

42. 沈大明，《大清律例與清代的社會控制》，上海：上海人民出版社，2007 年 3 月。

43. 沈從文，《中國古代服飾研究》，上海：上海世紀出版集團，2005 年 4 月（再版）。

44. 沈嘉蔚，《莫禮循眼理的近代中國——目擊變革》，福建：福建教育出版社，2005 年。

45. 何培夫，《臺灣地區現存碑碣圖誌：臺南市（下）》，臺北：國立中央圖書館臺灣分館，1992 年。

46. 亨利·埃利斯，《阿美士德使團出使中國日誌》，北京：商務印書館，2013 年 9 月。

47. 邱春美，《六堆客家文學古典研究》，輔仁大學中國文學研究所博士論文，2005 年 1 月。

48. 周錫保，《中國古代服飾史》，北京：中央編譯出版社，2011 年 1 月（再版）。

49. 林育德，《記憶的版圖》，臺北：城邦文化，2002 年 2 月。

50. 林明德，《臺灣工藝地圖》，臺中：晨星出版社，2002 年 12 月 30 日。

51. 段本洛、張圻福，《蘇州手工業史》，江蘇：新華書店，1986 年 9 月。

52. 首都博物館，《元大都》，北京：燕山出版社，1989 年。

53. 故宮博物院、山東博物館、曲阜文物局，《大羽華裳——明清服飾特展》，
濟南：齊魯書社，2013 年 5 月。

54. 柳宗悅，《民藝論》，南昌：江西美術出版社，2002 年 3 月。

55. 宗鳳英，《清代宮廷服飾》，北京：紫禁城出版社，2004 年 1 月。

56. 林惠珠，《清朝百官冠服的研究》，臺北：豪峰出版社，1989 年 12 月，
頁 24～28。

57. 周錫保，《中國古代服飾史》，北京：中央編譯出版社，2011 年 1 月（1986
年原著再版）。

58. 洪敏麟，《臺灣土著歷代治理》，臺北：東方文化，1976 年。

59. 洪敏麟，《臺南市市區史蹟調查報告書》，臺中：臺灣省文獻委員會，
1979 年。

60. 連橫，《臺灣通史》，臺北：眾文圖書，1979 年 8 月。

61. 高本莉，《臺灣早期服飾圖錄》，臺北：南天書局，1995 年 10 月。

62. 孫機，《中國古輿服論叢》（增訂本），上海：上海古籍出版社，2013 年
11 月。

63. 盛治仁，《文化資產保存法》（第三版），臺北：行政院文化建設委員會，
2009 年 11 月。

64. 國立故宮博物院，《清代服飾展覽圖錄》，臺北：國立故宮博物院，1986
年 10 月。

65. 國立故宮博物院，《精彩一百——國寶總動員》，臺北：國立故宮博物院，
2011 年 9 月。

66. 國立故宮博物院，《皇家風尚——清代宮廷與西方貴族珠寶》，臺北：國
立故宮博物院，2012 年 6 月。

67. 國立故宮博物院，《集瓊藻——院藏珍玩精華展》，臺北：國立故宮博物
院，2014 年 8 月。

68. 國立臺灣歷史博物館，《古都・新都・神仙府——臺南府城歷史特展》，

臺南：國立臺灣歷史博物館，2011 年 12 月。

69. 梅森（George Henry Mason），《記憶裡的中國》，1992 年 5 月 1 日，臺北：講義堂。

70. 陳夏生，《溯古話今——談故宮珠寶》，臺北：國立故宮博物院，2012 年 6 月。

71. 陳宗仁，《晚清臺灣番族圖冊》，臺北：中央研究院歷史語言研究所，2013 年 8 月。

72. 陳正之，《竹編工藝》，臺北：漢光文化，1998 年 7 月。

73. 郭福祥，《時間的歷史影像》，北京：故宮出版社，2013 年 4 月。

74. 揚之水，《奢華之色——宋元明金銀器研究》卷 2，北京：中華書局，2011 年 1 月。

75. 焦晉林，《丹稜擷貝——京西出土文物品鑒》，北京：學苑出版社，2010 年 1 月。

76. 曾慧，《滿族服飾文化研究》，瀋陽：遼寧民族出版社，2010 年 7 月。

77. 黃秀蘭，《宮素然〈明妃出塞圖〉與張瑀〈文姬歸漢圖〉析辨——金原時期昭君故事畫研究》，國立臺灣大學藝術史研究所碩士論文，1999 年 7 月。

78. 黃能馥、陳娟娟，《中國服裝史》，北京：中國旅遊出版社，1995 年 5 月。

79. 黃能馥、喬巧玲，《衣冠天下——中國服裝圖史》，北京：中華書局，2009 年。

80. 黃能馥、蘇婷婷，《珠翠光華——中國首飾圖史》，北京：中華書局，2010 年 7 月。

81. 黃宣佩，《上海出土唐宋元明清玉器》，上海：上海人民出版社，2001 年 10 月。

82. 黃翠梅、李建緯、黃猷欽、林素幸，《臺南市國定（第一級）宗教性古蹟內古物普查計畫結案報告》，臺南：國立臺南藝術大學藝術史學系，2011 年 7 月。

83. 湖南省博物館，《湖南宋元窖藏金銀器發現與研究》，北京：文物出版社，2009 年 3 月。

84. 湖北省文物考古研究所、鐘祥市博物館，《梁莊王墓（上）（下）》，北京：

文物出版社，2007 年。

85. 湖北省博物館，《梁莊王墓──鄭和時代的瑰寶》，北京：文物出版社，
2007 年 9 月。

86. 項潔，《國立臺灣大學──典藏古碑拓本（臺灣篇）》，臺北：國立臺灣大
學，2005 年。

87. 詹姆士‧奧朗奇著、何高濟譯，《中國通商圖──11～19 世紀西方人眼
中的中國》，北京：北京理工大學出版社，2008 年。

88. 張榮，《故宮珍寶》，臺北：閣林國際圖書，2009 年 10 月。

89. 張瓊，《清代宮廷服飾》，香港：商務印書館，2005 年 12 月。

90. 張淑卿等，《看見臺灣歷史：國立臺灣歷史博物館館藏綜覽圖錄》，臺
南：國立臺灣歷史博物館，2013 年 10 月 21 日。

91. 張仲堅，《臺灣帽蓆》，臺中：臺中縣手工藝品商業同業公會，2002 年 10
月 15 日。

92. 張家瑀，《二次世界大戰（1945）後南臺灣金工手飾工藝演變》，高雄：
樹德科技大學應用設計研究所碩士論文，2006 年。

93. 葉朝蒼，《圖解式螺絲切銷之技術》，高雄：大眾出版社，1975 年。

94. 萬依、王樹卿、陸燕貞，《清宮生活圖典》，北京：紫禁城出版社，2007
年 9 月。

95. 圓烈阿闍黎耶，《六字真言密義》，新北市：大千出版社，2012 年 4 月。

96. 黎辛斯基，《螺絲起子與螺絲》，臺北：貓頭鷹出版社，2014 年 3 月。

97. 劉正雄，《清代宮廷服飾》，臺北：國立歷史博物館，2008 年 5 月。

98. 劉兆璸，《清代科舉》，臺北：東大圖書公司，1977 年 3 月。

99. 劉萬枝，《南投文獻叢刊（七）南投革命志稿》，南投：南投縣文獻委員
會，1959 年 6 月 30 日。

100. 劉兼善，〈清進士江昶榮鄉賢記〉，《江進士碑落成紀念專刊》，屏東：內
埔鄉公所，1971 年 5 月。

101. 劉文三，《臺灣早期民藝》，臺北：雄獅美術，1978 年 8 月。

102. 臺灣慣習研究會，《臺灣慣習記事（中譯本）》，3 卷，臺中：臺灣省文獻
會，1984 年。

103. 鄭道聰，《大臺南的西城故事》，臺南：臺南市政府文化局，2013 年 3 月。

104. 衛惠林，《埔里巴宰七社志》，臺北：中央研究院民族學研究所，1981 年。

105. 盧泰康，《府城登錄古文物研究計畫——明鄭時期文物清查與分級建議》，臺南：國立臺南藝術大學藝術史學系，2009 年。

106. 盧泰康、李匡悌，《發現臺南水交社前清墓葬群》，臺南：國立臺南藝術大學藝術史學系，2009 年 11 月。

107. 盧泰康，《高雄市立歷史博物館——館藏陶瓷文物委託研究計畫期末報告書》，委託單位：高雄市立歷史博物館，2013 年 12 月。

108. 盧泰康，《臺灣文化資產中的出土文物研究與修護》，臺南：國立臺南藝術大學藝術史學系，2014 年 5 月。

109. 盧泰康、王竹平，《屏東縣琉球鄉碧雲寺——傳世陶瓷文物研究與修護》，臺南：國立臺南藝術大學藝術史學系，2014 年 7 月。

110. 興建江進士詩碑籌備會，《江進士碑落成紀念專刊》，屏東：內埔鄉公所，1971 年 5 月。

111. 戴季陶記，〈班禪大師六字真言法要講解〉，《六字真言密義》，新北市：大千出版社，2012 年 4 月。

112. 簡榮聰，《臺灣銀器藝術》，臺中：臺灣省文獻會，1988 年 11 月。

113. 蘇旭珺，《臺灣早期傳統漢人服飾》，臺北：國立傳統藝術中心籌備處，2000 年 12 月 31 日。

114. 蘇婷玲、陳紅，《蒙古民族文物圖典——蒙古民族服飾文化》，北京：文物出版社，2008 年。

115. 鷹取田一郎，《臺灣列紳傳》，桃園：華夏書坊，2009 年 6 月。

期刊論文

1. 大同市文物陳列館、山西雲岡文物管理所，〈山西省大同市元代馮道真、王青墓清理簡報〉，《文物》，1962 年第 10 期，頁 34～47。

2. 上海市文物管理委員會，〈上海市天鑰橋路清代墓葬發掘簡報〉，《東南文化》，2003 年第 1 期，頁 34～37。

3. 王正書，〈「爐頂」、「帽頂」辨識〉，《中國隋唐至清代玉器學術研討會論文集》，上海：上海博物館，2002 年 9 月，頁 277～287。

4. 甘肅省博物館，〈甘肅漳縣元代汪世顯家族墓葬〉，《文物》，1982 年第 2 期，頁 1～22。

5. 吉林省文物管理委員會，〈輝發城調查報告〉，《文物》，1965 年第 7 期，頁 35～40。

6. 朴基水，〈清代佛山鎮的城市發展和手工業、商業行會〉，《中國社會歷史評論》，2005 年，頁 119～143。

7. 吉見松代，〈男子禮服〉，《民俗臺灣》（四輯），臺北：武陵出版社，1994 年 3 月，頁 268～269。

8. 安志敏，〈北京西郊董四村明墓發掘記──第一號墓〉，《科學通報》，1951 年第 12 期，頁 1254～1255。

9. 安志敏，〈北京西郊董四村明墓發掘續記──第二號墓〉，《科學通報》，1952 年第 5 期，頁 333～339。

10. 吳奇浩，〈新的熟番地權──清代臺灣之屯番制度〉，《暨南史學》，2004 年 7 月。

11. 呂紹理，〈展示臺灣：1903 年大阪內國勸業博覽會臺灣館之研究〉，《臺灣史研究》第 9 卷第 2 期，2002 年 12 月，頁 104～142。

12. 李英華，〈清代冠服制度的特點〉，《故宮博物院院刊》，1990 年第 1 期，頁 63～66。

13. 李莉莎，〈元代服飾制度中南北文化的碰撞與融合〉，《內蒙古師範大學學報》，2009 年 5 月，頁 61～64。

14. 李建緯，〈中西交流與品味變異之軌跡：中國早期黃金焊珠工藝初探〉，《史物論壇》，2009 年第 9 期，頁 67～98。

15. 李建緯，〈臺南市大天后宮早期金屬香爐形制與源流考〉，《媽祖文化研究論叢（I）》，北京：人民出版社，2012 年 5 月，頁 202～216。

16. 宗鳳英，〈從清代服飾特點看早期滿民族的務實求實精神〉，《故宮文物月刊》，2001 年 12 月，頁 84～95。

17. 施靜菲，〈也是舶來品：清宮中的花式鏇床〉，《美術史研究集刊》，2012 年，頁 171～238。

18. 徐琳，〈錢裕墓出土元代玉器綜述〉，《故宮文物月刊》，1999 年第 4 期，頁 72～74。

19. 徐琳，〈元錢裕墓、明顧林墓出土部分玉器研究〉，《中國隋唐至清代玉器學術研討會論文集》，上海：上海博物館，2002 年 9 月，頁 289～306。

20. 徐文靜，〈元代墓室壁畫人物服飾形制探析〉，《內蒙古大學藝術學院學報》，2010 年第 1 期。

21. 秦世明，〈清宮做鐘處的延續——北京故宮博物院古鐘錶之修復〉，《故宮文物月刊》，2009 年 8 月，頁 12～19。

22. 烏恩托婭、徐英，〈淺析蒙古人的冠帽之飾及審美習俗〉，《內蒙古師範大學學報》，2001 年 3 月，頁 105～108。

23. 郭成偉、林乾，〈《清會典》的纂修與封建行政管理制度的完善〉，《20 世紀中國法制的回顧與前瞻》，北京：中國法政大學出版社，2002 年 9 月，頁 322。

24. 郭福祥，〈關於清代的蘇鐘〉，《故宮博物院院刊》，2004 年第 1 期，頁 65～77。

25. 陸錫興，〈明梁莊王墓帽頂之研究——兼論元明時代大帽和帽頂〉，《南方文物》，2012 年第 4 期，頁 69～97。

26. 陳娟娟，〈清代服飾藝術〉，《故宮博物院院刊》，1994 年第 2 期，頁 81～96。

27. 陳韻棟，〈命運多舛的六堆客屬進士江昶榮〉，《中原》第 151 期，1976 年 9 月，頁 8～10。

28. 陳奇祿，〈臺灣高山族的編器〉，《考古人類學刊》第四期，1954 年 11 月，頁 1～15。

29. 陳夏生，〈冠冕堂皇〉，《故宮文物月刊》第二卷第七期，1984 年 7 月，頁 50～57。

30. 陳夏生，〈琳琅珠玉細端詳——淺談故宮收藏清代飾物上的珠寶〉，《故宮文物月刊》第三卷第二期，1985 年 5 月，頁 83～88。

31. 陳夏生，〈清代服飾溯源〉，《故宮文物月刊》第五卷第五期，1987 年 8 月，頁 92～99。

32. 陳夏生，〈談清宮寶石運用文化〉，《故宮文物月刊》第 351 期，2012 年 6 月，頁 56～58。

33. 陳惠霞，〈東西輝映下的清代宮廷珠寶〉，《故宮文物月刊》第 351 期，2012 年 6 月，頁 10～12。

34. 陳凱歌，〈清代蘇州的鐘錶製造〉，《故宮博物院院刊》，1981 年第 4 期，

頁 90～94。

35. 陳吉光，〈滿清冠飾與森嚴的等級制度〉，《浙江紡織服裝職業技術學院學報》，2010 年 12 月第 4 期，頁 43～48。

36. 淄博市博物館，〈淄博元末明初玻璃作坊遺址〉，《考古》，1985 年第 6 期，頁 530～539。

37. 莊吉發，〈百官服飾〉，《故宮文物月刊》第三卷第四期，1985 年 7 月，頁 38～45。

38. 莊吉發，〈清文國語──滿文史料與雍正朝的歷史研究〉，《清史論集（二十）》，臺北：文史哲出版社，2010 年 7 月，頁 129～131。

39. 項春松、王建國，〈內蒙昭盟赤峰三眼井元代壁畫墓〉，《文物》，1982 年第 1 期，頁 54～58。

40. 黑龍江省博物館，〈哈爾濱新香坊墓地出土的金代文物〉，《北方文物》，2007 年第 3 期，頁 48～58。

41. 張榮，〈清雍正朝的官造玻璃器〉，《故宮博物院院刊》，2003 年第 1 期，頁 72～80。

42. 張林杰，〈粵海精粹──清代廣東貢品一瞥〉，《紫禁城》，2006 年第 2 期，頁 49～55。

43. 嵇若昕，〈朝珠與帽頂〉，《故宮文物月刊》第二卷第十期，1985 年 1 月，頁 92～98。

44. 嵇若昕，〈翎與翎管：清朝的官服、冠帽飾物〉，《故宮文物月刊》第三卷第六期，1985 年 9 月，頁 96～97。

45. 嵇若昕，〈元代的玉帽頂──從臺北故宮博物院所藏白玉秋山帽頂談起〉，《中國隋唐至清代玉器學術研討會論文集》，上海：上海博物館，2002 年 9 月，頁 266～275。

46. 嵇若昕，〈十八世紀宮廷牙匠及其作品研究〉，《故宮學術季刊》第三十三卷第一期，2005 年，頁 467～518。

47. 楊豪，〈清初吳六奇墓及其殉葬遺物〉，《文物》，1982 年第 2 期，頁 39～42。

48. 楊伯達，〈清代玻璃概述〉，《故宮博物院院刊》，1983 年第 4 期，頁 3～20。

49. 楊伯達，〈清代玻璃化學配成份的研究〉，《故宮博物院院刊》，1990 年第 2 期，頁 17～38。

50. 楊伯達，〈中國古代金飾文化板塊論〉，《故宮博物院院刊》，2007 年第 6 期，頁 6～31。

51. 福建博物院、安溪縣博物館，〈安溪湖頭明清墓葬〉，《福建文博》，2003 年第 1 期，頁 64～75。

52. 廖伯豪，〈寶頂珠光——從故宮院藏吉服冠頂談清代帽珠料製作及應用〉，《故宮文物月刊》419 期，2018 年 2 月，頁 92～103。

53. 廖伯豪，〈華服彰祿——從王得祿傳世蟒袍談清代官員吉服〉，《故宮文物月刊》402 期，2016 年 9 月，頁 40～50。

54. 鄧淑蘋，〈從「西域國手」與「專諸巷」論南宋在中國玉雕史上的重要意義〉，《慶祝嚴文明先生八十壽辰論文集（上冊）》，北京：北京大學，2012 年 4 月，頁 408～456。

55. 鄭慧玟，〈江昶榮一身的裝扮〉，《六堆風雲》第 13 刊，屏東：六堆風雲雜誌社，1990 年 2 月 25 日，頁 29～31。

56. 鄭喜夫，〈清代臺灣「番屯」考（上）〉，《臺灣文獻》，1977 年 6 月，頁 111～130。

57. 鄭喜夫，〈清代臺灣「番屯」考（下）〉，《臺灣文獻》，1977 年 9 月，頁 59～89。

58. 鄭又嘉，〈困難重重的古物分級之路——專訪文化部文化資產局古物遺址組科長蔡美麗〉，《典藏古美術》，2014 年 8 月第 263 期，頁 140～147。

59. 盧泰康，〈臺南地區出土明鄭時期墓葬文物〉，《美術考古與文化資產——以臺灣地區學者的論述為中心》，上海：上海大學出版社，2008 年 12 月，頁 111～117。

60. 盧泰康，〈以臺灣歷史時期漢人物質文化研究的幾個案例——談學科整合研究的自我省思〉，《地下與地上的對話：歷史考古學研討會會議論文集》，臺北：中央研究院歷史語言研究所，2011 年 12 月，頁 14～8。

61. 盧泰康，〈古寺遺珍——臺南開元寺所藏陶瓷〉，《物華天寶話開元 臺南市二級古蹟開元寺文物精華》，臺南：臺南開元寺，2010 年，頁 206～221、247～255。

62. 盧泰康、李建緯，〈臺灣古蹟中既存古物調查的現況與反思〉，《文化資產保存學刊》，2013 年第 25 期，頁 95～115。

63. 賴惠敏，〈乾隆朝內務府的皮貨買賣與京城時尚〉，《故宮學術季刊》第 21 卷第 1 期，2003 年，頁 1～46。

64. 賴惠敏，〈中俄貿易與清宮時尚〉，《故宮文物月刊》，2012 年 6 月，頁 74～83。

65. 關雪玲，〈乾隆時期的鐘錶改造〉，《故宮博物院院刊》，2000 年第 2 期，頁 85～91。

66. 羅瑋，〈明代的蒙元服飾遺存初探〉，《首都師範大學學報》，2010 年第 3 期，頁 24～26。

67. 蘇州博物館，〈蘇州盤門清代墓葬發掘簡報〉，《東南文化》，2003 年第 9 期，頁 53～54。

68. 嚴勇，〈清代宮廷服飾的種類及其特點〉，《國采朝章──清代宮廷服飾》，香港：香港歷史博物館，2013 年，頁 4～17。

日文文獻

1. （寬正十年）中川子信，《清俗紀聞》，臺北：大立出版社，1982 年 10 月。

2. 月初皓，《臺灣館》，臺灣：第五回內國勸業博覽會臺灣協贊會，明治 36 年（1903 年）8 月 30 日。

3. 天理大學附屬天理參考館，《臺灣平埔族、生活文化の記憶》，奈良：天理大學，2011 年。

4. 吉見まつよ，〈男子禮服〉，《民俗臺灣》第 3 卷（上），昭和 18 年（1942 年）2 月 5 日，頁 42～43。

5. 大阪市立美術館，《大阪市立美術館藏品選集》，大阪：大阪市立美術館，昭和 51 年（1975 年）4 月 28 日。

西文文獻

1. Beverley Jackson & David Hugus, *Ladder to the clouds-Intrigue and tradition Chinese rank*, Berkeley Toronto: Ten Speed Press, 1999.

2. Bureau of Naval Personnel1971, *Basic Machines and How They Work*, New

York: Dover Publications, p26~27.

3. Garry Dickinson & Linda Wrigglesworth, *Imperial Wardrobe*, Berkeley Toronto: Ten Speed Press, 2000.

4. James C. Y. Watt. *The World of Khubailai Hhan: Chinese Art in the Yuan Dynasty*. New York: The Metropolitan Museum of Art, 2010.

5. Louise Crane, *China in sign and symbol*, Shanghai: Kelly & Whalsh, Ltd, 1926.

6. Paul Haig & Marla Shelton, Threads of gold-Chinese textiles Ming to Ching, Schiffer publishing ltd, U.K., 2006.

7. Valery Garrett, *Chinese Dress-From the Qing dynasty to the present*, Tokyo; Rutland, Vt.: Tuttle, 2007.

網路資源

1.「北京故宮博物院資料搜尋系統」：http://big5.dpm.org.cn:82/gate/big5/www.dpm.org.cn/shtml/520/@/96565.html

2.「中央研究院歷史語言研究所明清內閣大庫檔案」：
http://archive.ihp.sinica.edu.tw/mctkm2/index.html

3.「中央研究院暨國立故宮博物院：明清與民國檔案跨資料庫檢索平臺」：
http://archive.ihp.sinica.edu.tw/

4.「早稻田大學資源情報ポータル」：
http://www.enpaku.waseda.ac.jp/db/shashin/shousai.php

5.「紐約美術館」官方網站：http://www.metmuseum.org

6.「國立故宮博物院典藏資源系統（繪畫類）」：
http://www.npm.gov.tw/zh-tw/Article.aspx?sNo=03000117

7.「黑龍江省博物館」官方網站：
http://www.hljmuseum.com/show.php?contentid=90

8.「臺灣大學人類學系帝大時期標本資料庫」：
http://acis.digital.ntu.edu.tw/empire/main.php?user=normaluser

9.「臺灣中部平埔族古文書數位典藏網站」：
http://ca.tchcc.gov.tw/pingpu/pn6.htm

10.「數位典藏與數位學習成果入口網」：http://digitalarchives.tw/

11.「數位典藏與數位學習聯合目錄」：

http://catalog.digitalarchives.tw/item/00/11/22/10.html

12.「Gallica」：gallica.bnf.fr/accueil/fr/content/accueil-fr?mode=desktop

附件一　頂戴暨官帽檢視清冊

附件一-1

記錄人：廖伯豪　　**文物登錄表**　　日期：103 年 06 月 27 日

出土編號	UT-0021	論文研究號	UT-0021
文物名稱	頂戴		
研究後文物名稱	六品白色涅玻璃吉服冠頂		
文物典藏單位	臺南市文化局		
藏品來源	□購置　□捐贈　□移交　■考古出土　□傳世		
尺寸（cm）	寬／直徑：4cm、高：5.8cm	重量（g）	51g
組　件	1	所　有　人	臺南市文化局
年　代	清道光	入藏時間	2009 年出土
產地／作者	中國	功能分類	生活及禮儀器物
製作技法	玻璃燒製、車鏇作、模鑄、鎏金	材質類別	玻璃、銅鎏金
文物現況	玻璃頂珠因出土時有碎裂，經拼合後尚有部分裂縫，整體形制皆完整保存。		

研究後文物說明

　　該頂戴出土於臺南市水交社前清墓葬群遺址，為國內首次以考古學方法所採集的頂戴實物案例。該文物發現於 SJS-A-B50 墓底部一端，為豎穴埋葬，按發掘記錄可知其出土時：「僅存三合土外槨部分結構，槨頂與南側外槨結構毀損，內棺形制不詳，僅存棺釘。」此外，墓主骨骼「嚴重殘缺僅存少數碎骨」。雖然墓葬在出土前已遭受破壞，且未見墓碑，但發掘過程中亦伴出道光朝銅錢，可做為帽頂埋藏年代的參考依據。

　　全器主要可分成頂座與頂珠兩個部分，頂座為銅質鎏金，共可分四個部位，即座柱螺絲、座托、座底與座底螺絲，座柱螺絲呈公螺絲貌，其頭部一端可見陰刻團

壽紋；座托外側飾有鏤空與陰刻紋；座底則是以淺浮雕減地雜寶紋，可見紋飾主要由彩帶串起蝙蝠、飛蛾、如意、蟠桃等母題；座底螺絲呈短倒 T 型公螺絲，螺帽一端邊緣作菊瓣樣式。其中座托與座底一體成形，並上下銜接座柱螺絲與座底螺絲呈對栓式。而頂珠出土時已經碎裂，珠體經修護黏合後呈寬圓形、內部中空，表面呈白色，並見明顯的橫向紋路。

　　清代官員吉服冠頂又稱平時帽頂，可同常服冠與行服冠使用，其創制雍正三年（1725）並於雍正八年（1730）採用玻璃材質替代寶石，奠定爾後清代帽頂的品級區分，該帽頂頂珠經檢測為白色涅玻璃，屬六品文武官員品秩，為硨磲帽頂之替代材料。

修護建議	■現況保存：已經清潔與黏合，並進行加固封護　□緊急處理
參考文獻	1. 盧泰康、李匡悌，《發現臺南水交社前清墓葬群》，臺南：國立臺南藝術大學藝術史學系，2009 年 11 月，頁 68。 2. 王竹平，〈臺南水交社墓葬群出土金屬遺物的修護——以清代官帽頂飾與古錢幣為例〉，《臺灣文化資產中的出土文物研究與修護》，臺南：國立臺南藝術大學藝術史學系，2014 年 5 月，頁 48～59。 3. （清）王侃，〈皇朝冠服志〉，《巴山七種》。王侃，〈皇朝冠服志〉，《巴山七種》（冊 1），清同治四年（1865 年）光裕堂刊本，頁 5。（原件為中央研究院歷史語言研究所傅斯年圖書館藏善本，典藏編號：089.76 033 v.1）
建議級別	列冊

建議級別理由	■具有歷史意義或能表現傳統、族群或地方文化特色 □具有史事淵源 ■具有一定之時代特色、技術及流派 ■具有藝術造詣或科學成就 □具有珍貴及稀有性者 ■具有歷史、文化、藝術或科學價值	文物正面照片 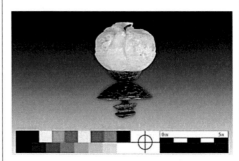

文物上視與下視照片

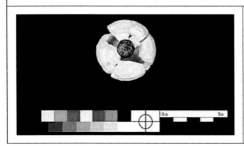 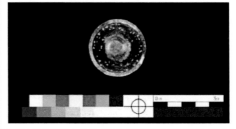

文物出土位置	

文物修護狀況	

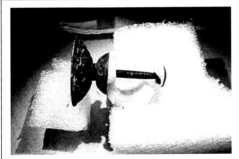	
文物細部照	

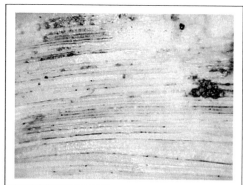

文物測繪圖

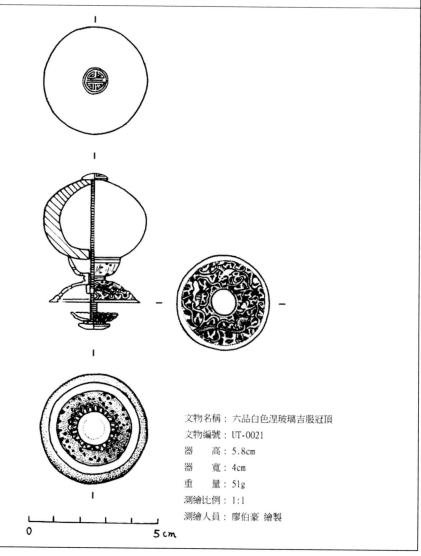

文物名稱：六品白色涅玻璃吉服冠頂
文物編號：UT-0021
器　高：5.8cm
器　寬：4cm
重　量：51g
測繪比例：1:1
測繪人員：廖伯豪 繪製

0   5cm

附件一-2-a

記錄人：廖伯豪　　　　　　　　**文物登錄表**　　　　　　　日期：100 年 03 月 05 日

出土編號	無	論文研究號	JYT-01
文物名稱	玻璃頂戴		
研究後文物名稱	四品藍色涅玻璃吉服冠頂		
文物典藏單位	暫存放國立臺南藝術大學藝術史學系出土水學程研究室		
藏品來源	□購置　□捐贈　□移交　■考古出土　□傳世		
尺寸（cm）	寬／直徑：3.1cm、高：4.4cm	重量（g）	28g
組　件	1	所有人	國立臺南藝術大學藝術史學系
年　代	清光緒甲午年（1895）	入藏時間	2007 年 8 月出土
產地／作者	中國	功能分類	生活及禮儀器物
製作技法	玻璃燒製、車鏇作、纍絲、焊珠、鎏金	材質類別	玻璃、銅鎏金
文物現況	頂戴金屬底座鏽蝕嚴重，上附著大量銅鏽，較不易辨識其完整形貌，底座仍有鎏金殘留，座底銜頂珠的螺絲已遺失。銅座底部見有織品痕跡。藍色玻璃頂珠斷成兩半與一小片，可見其內為中空貌。		

研究後文物說明

　　該頂戴出土於臺南市南區張虞廷墓，由於是整地工程進行中發現，故原址墓葬結構已遭移除，部分文物現暫存國立臺南藝術大學藝術史學系出土水學程實驗室。

　　該件頂戴頂座為纍絲花蕾式樣式，座柱螺絲與坐底螺絲皆已散佚。頂珠為空心玻璃，採套料方式吹製而成，以淺藍色玻璃為胎、外裏深藍色玻璃，頂珠一端穿孔見有空心金屬殘段，應為坐底螺絲殘件，推測原件帽頂採套栓式拴合法。座底易亦留有織品的痕跡，應為帽纓與帽梁殘屑，反映該帽頂入葬時應置於吉服冠上。

　　清代官員吉服冠頂又稱平時帽頂，可同常服冠與行服冠使用，其創制雍正三年（1725）並於雍正八年（1730）採用玻璃材質替代寶石，奠定爾後清代頂戴的品級區分，該帽頂頂珠經檢測為白色涅玻璃，屬六品文武官員品秩，為硨磲頂珠之替代材料。

修護建議	■現況保存：已經清潔與黏合，並進行加固封護　□緊急處理
參考文獻	（清）王侃，〈皇朝冠服志〉，《巴山七種》。王侃，〈皇朝冠服志〉，《巴山七種》（冊 1），清同治四年（1865 年）光裕堂刊本，頁 5。（原件為中央研究院歷史語言研究所傅斯年圖書館藏善本，典藏編號：089.76 033 v.1）

建議級別	列冊	
建議級別理由	■具有歷史意義或能表現傳統、族群或地方文化特色 □具有史事淵源 ■具有一定之時代特色、技術及流派 □具有藝術造詣或科學成就 □具有珍貴及稀有性者 ■具有歷史、文化、藝術或科學價值	文物正面照片 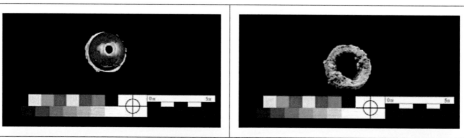

文物上視與下視照片	
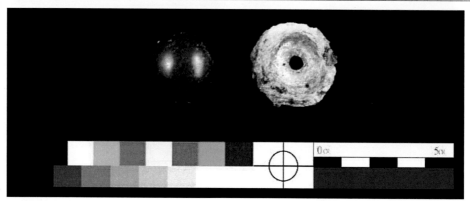	

文物細部照

 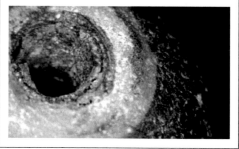

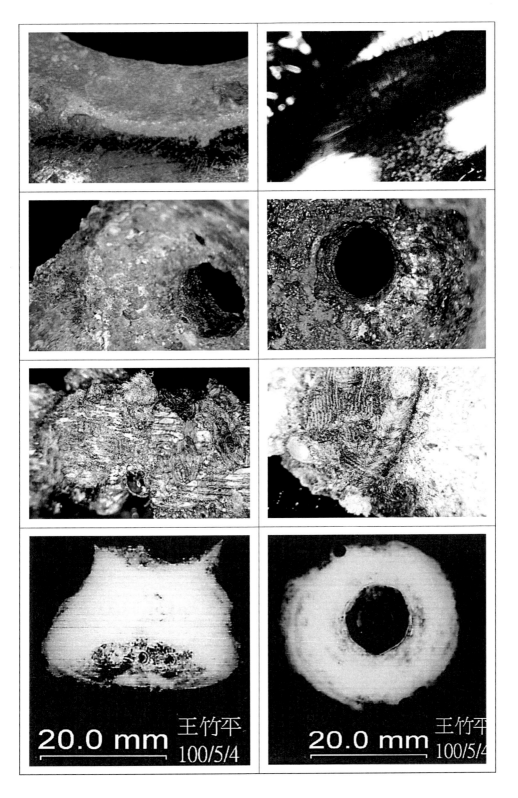

附件一-2-b

記錄人：廖伯豪　　　　　　文物登錄表　　　　　日期：103 年 06 月 27 日

出土編號	無	論文研究號	JYT-02
文物名稱	銀帽頂		
研究後文物名稱	銀鎏金朝冠頂		
文物典藏單位	國立臺南藝術大學藝術史學系		
藏品來源	□購置　■捐贈　□移交　□考古出土　□傳世		
尺寸（cm）	寬/直徑：5.38cm、高：10.4cm	重量（g）	56.09g
組　件	1	所　有　人	臺南市政府文化處
年　代	清光緒甲午年（1895）	入藏時間	2007 年 8 月出土
產地/作者	臺灣臺南/不明	功能分類	生活及禮儀器物
製作技法	車鏇、模鑄、鎏金	材質類別	銀、金
文物現況	頂座保存完整，唯冠頂頂石與中嵌寶石均散佚。		

研究後文物說明

　　該頂戴出土於臺南市南區張虞廷墓，由於是整地工程進行中發現，故原址墓葬結構已遭移除，部分文物現暫存國立臺南藝術大學藝術史學系出土水學程實驗室。

　　其特徵主要分成頂托、座中、座底三層，座中上下各有兩層嵌座以銜接頂托與座底，最後以座軸貫穿。頂托作羽狀紋蒂形托；座中作球狀，內部中空，並鏤空纏枝牡丹紋；座底作五瓣覆蓮式，每瓣飾有浮雕莨苕葉紋，其下亦有一道陰刻魚子地捲葉牡丹紋，並見殘留有鎏金痕跡，底部戳有「金足成」款，應為店號；上下座托則皆做雙層仰覆如意紋蒂形樣式。

修護建議	■現況保存　□緊急處理
參考文獻	（清）王侃，〈皇朝冠服志〉，《巴山七種》。王侃，〈皇朝冠服志〉，《巴山七種》（冊 1），清同治四年（1865 年）光裕堂刊本，頁 2～3。（原件為中央研究院歷史語言研究所傅斯年圖書館藏善本，典藏編號：089.76 033 v.1）

建議級別	一般古物	文物正面照片
建議級別理由	■具有歷史意義或能表現傳統、族群或地方文化特色 □具有史事淵源 ■具有一定之時代特色、技術及流派 ■具有藝術造詣或科學成就 □具有珍貴及稀有性者 ■具有歷史、文化、藝術或科學價值	

文物上視與下視照片

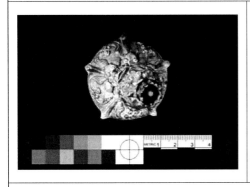 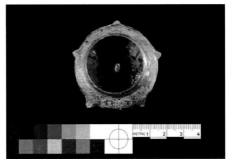

文物細部照

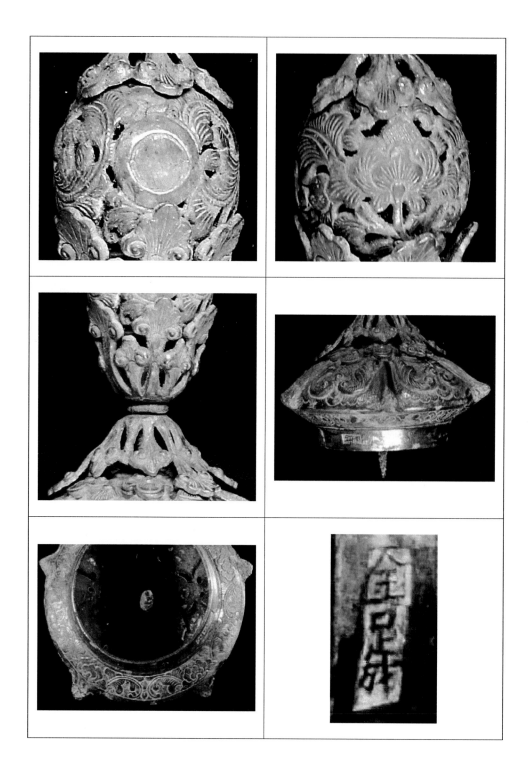

文物測繪圖

文物名稱：銀鎏金朝冠頂

文物來源：臺南市祀區開隆宮主祀

典藏單位：國立臺南藝術大學藝術史學系

研究編號：CYT-002

長　　度：10.4cm　　　寬　　度：5.38cm

重　　量：56.09g

測繪比例：1:1

測繪人員：廖伯豪　繪製

測繪日期：2014年3月31日

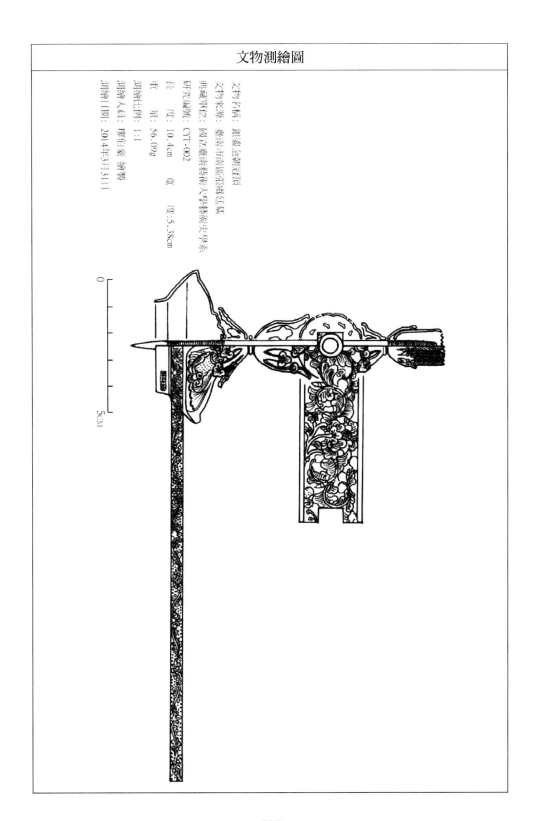

附件一-3

記錄人：廖伯豪　　　　　　　文物登錄表　　　　　　日期：100 年 03 月 05 日

原典藏號	無	論文研究號	PTBL-01
文物名稱	清朝正六品官帽之白色硨磲頂珠		
研究後文物名稱	六品白色涅玻璃吉服冠頂		
文物典藏單位	現由潘家後人收藏		
藏品來源	□購置　□捐贈　□移交　□考古出土　■傳世		
尺寸（cm）	寬／直徑：2.8cm、高：5.3cm	重量（g）	29g
組　件	1	所 有 人	潘怡宏
年　代	清光緒十二年（1886）	入藏時間	歷史傳世
產地／作者	中國	功能分類	生活及禮儀器物
製作技法	玻璃燒製、纍絲、焊珠、鎏金、車鏇	材質類別	玻璃、銅鎏金
文物現況	此吉服冠頂鎏金層保存完整，頂珠有破損狀況，需黏合修護。		

研究後文物說明

　　該頂戴為埔里潘踏比厘遺物，潘踏比厘為清代埔里烏牛欄社巴宰族（Pazeh）人，於光緒十二年（1886）由蘇阿北把總擢升北路屯千總，現今國立臺灣大學藏《淡新檔案》中亦留有潘氏經理相關屯務檔案。清廷割讓臺灣之後，其於 1896 年引領日軍進駐埔里盆地，後獲頒勳章。

　　該頂戴為六品官員吉服冠頂品秩，清代六品冠頂頂珠可使用白色涅玻璃頂始於雍正八年定制，座柱螺絲已與座底螺絲栓死，無法轉動；頂珠為束圓空心狀，表面隱約可見橫向平行的線紋，推測是玻璃珠吹造的工藝遺痕；座托散佚；座底為纍絲與焊珠等技法製成，上有一層鎏金，座底底圈與纍絲接合處內側見有明顯焊接痕跡；座軸底部圓片見戳有「元福老店」之店號款。

　　清代官員吉服冠頂又稱平時帽頂，可同常服冠與行服冠使用，其創制雍正三年（1725）並於雍正八年（1730）採用玻璃材質替代寶石，奠定爾後清代帽頂的品級區分，該帽頂頂珠經檢測為白色涅玻璃，屬六品文武官員品秩，為硨磲頂珠之替代材料。

修護建議	□現況保存　■緊急處理：需將破裂處黏合
參考文獻	1. 《淡新檔案》編號：TH 17430_026_00_00_1、TH 17430_026_00_00_2，國立臺灣大學圖書館藏。 2. 王學新，《埔里社退城日誌暨總督府公文類纂鄉關史料彙編》，南投：國史館臺灣文獻館，2004 年 12 月，頁 325～327。原文引自劉萬枝，《南投文獻叢刊（七）南投革命志稿》，南投：南投縣文獻委員會，1959 年 6 月 30 日，頁 73～75。

3. 鷹取田一郎，《臺灣列紳傳》，桃園：華夏書坊，2009 年 6 月，頁 220。

4. 洪敏麟，《臺灣土著歷代治理》，臺北：東方文化，1976 年，頁 55、56。

5. （清）王侃，〈皇朝冠服志〉，《巴山七種》。王侃，〈皇朝冠服志〉，《巴山七種》（冊 1），清同治四年（1865 年）光裕堂刊本，頁 5。（原件為中央研究院歷史語言研究所傅斯年圖書館藏善本，典藏編號：089.76 033 v.1）

建議級別	一般古物	文物正面照片	
建議級別理由	■具有歷史意義或能表現傳統、族群或地方文化特色 ■具有史事淵源 ■具有一定之時代特色、技術及流派 ■具有藝術造詣或科學成就 □具有珍貴及稀有性者 ■具有歷史、文化、藝術或科學價值		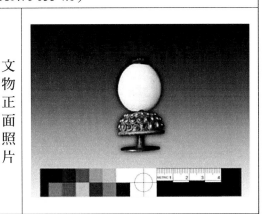

文物上視與下視照片

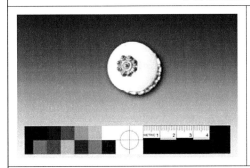 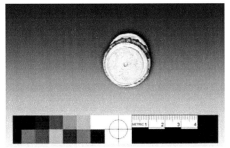

文物狀況檢視與局部特徵照

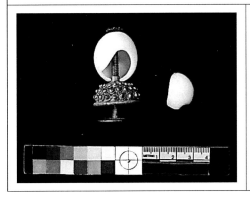 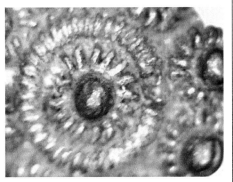

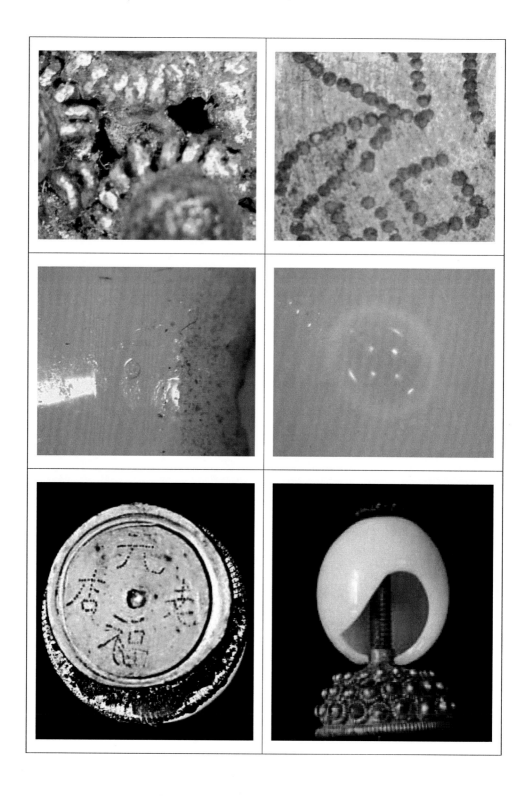

文物測繪圖

文物名稱：六品涅玻璃吉服冠頂

研究編號：PTB-001

測繪比例：1：1

高　　度：5.2 cm

座　　徑：2.6 cm

珠　　徑：2.4 cm

重　　量：29 g

測繪人員：廖伯豪

測繪日期：2012年10月06日

0　　　　2cm

附件一-4-a

記錄人：廖伯豪　　　　　　　**文物登錄表**　　　　　　日期：103 年 01 月 06 日

原典藏號	無	論文研究號	JCR-01
文物名稱	官帽		
研究後文物名稱	五品夏行服冠		
文物保管機構	現為江家後人收藏		
藏品來源	□購置　□捐贈　□移交　□考古出土　■傳世		
尺寸（cm）	寬／直徑：30.2cm、高：17cm	重量（g）	162.1g
組　件	1	所　有　人	溫蘭英
年　代	清光緒（1883～1895）	入藏時間	歷史傳世
產地／作者	中國	功能分類	生活及禮儀器物
製作技法	打磨、纍絲、焊珠、鎏金、車鏃作、動物毛髮染色、簡單合縫螺旋編法	材質類別	水晶、銅鎏金、藤蔑、織品、動物毛髮
文物現況	狀況穩定		

研究後文物說明

　　江昶榮原名江上蓉，字樹君，號春舫，祖籍廣東。道光二十一年（1841）生於屏東縣內埔鄉竹圍村，於光緒二十一年（1895）逝世，享年 55 歲。江氏生前詩作豐富，於光緒九年（1883）參加癸未科殿試，登進士三甲 137 名，後獲得朝廷欽加五品奉政大夫庶吉士之銜。

　　該帽為江昶榮遺物，屬夏行服冠式，亦稱夏帽或涼帽，帽胎以藤草編織，作尖頂闊簷形式，呈圓錐狀；帽胎內側縫有紅色布質帽圈，以方便穿戴於頭頂。此外，帽圈兩端見有縫線痕跡，推測原綴有繫帶。帽胎上覆有紅色帽纓，纓毛略呈波浪狀，纓長過簷。纓首原縫綴有絨質提環可固定頂戴，但一端已斷裂，故隨長纓垂落於帽胎上。

　　纓上即為頂戴，頂珠外形呈束圓並作透明實心狀，帶有貫孔，頂諸表面有打磨痕跡，故推測為水晶材質，屬文武五品官員品秩，可與「五品奉政大夫」頭銜相呼應。透過頂珠可見座底螺絲貫穿帽胎、帽纓與頂戴，與座軸螺絲交互拴合。頂座為銅質鎏金，座底與座軸螺絲頭部件纍絲花蕾裝飾，每朵花蕾中央皆焊有銅珠。座栓底部圓片見鏨刻有「泉記」字樣，應為店號款。

　　清代官員吉服冠頂又稱平時帽頂，可同常服冠與行服冠使用，其創制雍正三年（1725）並於雍正八年（1730）採用玻璃材質替代寶石，奠定爾後清代帽頂的品級區分，該帽頂頂珠應屬水晶材質，屬五品文武官員品秩。

修護建議	■現況保存：帽胎頂部凹陷處宜加固　　□緊急處理

參考文獻	1. 興建江進士詩碑籌備會，《江進士碑落成紀念專刊》，屏東：內埔鄉公所，1971 年 5 月，頁 5。 2. 《清實錄（五四）》，〈清德宗景皇帝實錄（三）〉，北京：中華書局，1987 年 5 月，頁 289。 3. 開物國科技文化事業有限公司（年代不詳）。〔主要名稱：官帽〕。《數位典藏與數位學習聯合目錄》。http://catalog.digital-archives.tw/item/00/66/7e/f9.html（2014/08/16 瀏覽）。 4. （清）王侃，〈皇朝冠服志〉，《巴山七種》。王侃，〈皇朝冠服志〉，《巴山七種》（冊 1），清同治四年（1865 年）光裕堂刊本，頁 5、10～11。（原件為中央研究院歷史語言研究所傅斯年圖書館藏善本，典藏編號：089.76 033 v.1） 5. 陳奇祿，〈臺灣高山族的編器〉，《考古人類學刊》第四期，1954 年 11 月，頁 3。

建議級別	一般古物	文物正面照片
建議級別理由	■具有歷史意義或能表現傳統、族群或地方文化特色 ■具有史事淵源 ■具有一定之時代特色、技術及流派 ■具有藝術造詣或科學成就 □具有珍貴及稀有性者 ■具有歷史、文化、藝術或科學價值	

文物上視與下視照片

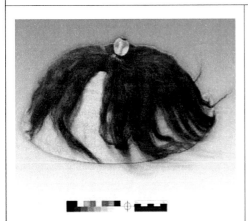 

帽頂頂座狀況檢視與局部特徵照
 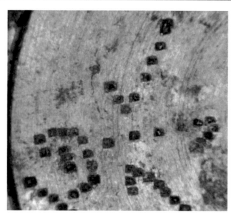
帽頂頂珠狀況檢視與局部特徵照
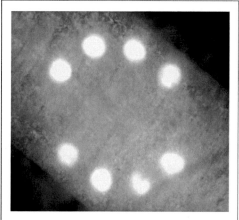 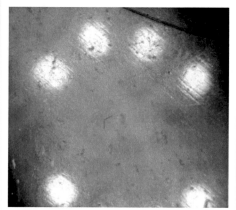
帽纓狀況檢視與局部特徵照

帽胎狀況檢視與局部特徵照

文物測繪圖

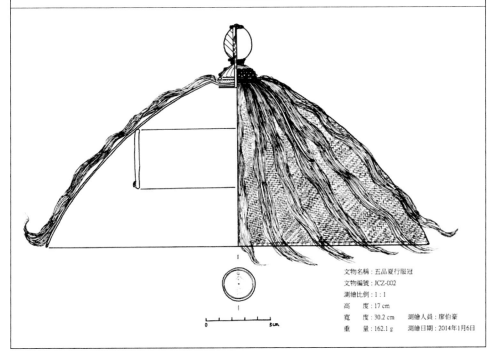

文物名稱：五品夏行服冠
文物編號：JCZ-002
測繪比例：1：1
高　　度：17 cm
寬　　度：30.2 cm　　測繪人員：廖伯豪
重　　量：162.1 g　　測繪日期：2014年1月6日

附件一-4-b

記錄人：廖伯豪　　　　　　　　**文物登錄表**　　　　　　日期：103 年 01 月 06 日

原典藏號	無	論文研究號	JCR-02
文物名稱	官帽		
研究後文物名稱	七品暨進士冬吉服冠		
文物保管機構	現為江家後人收藏		
藏品來源	□購置　□捐贈　□移交　□考古出土　■傳世		
尺寸（cm）	寬／直徑：23.2cm、高：19.5cm	重量（g）	138.8g
組　件	1	所有人	溫蘭英
年　代	清光緒（1883～1895）	入藏時間	歷史傳世
產地／作者	中國	功能分類	生活及禮儀器物
製作技法	銅鎏金、車鏇作、編織、裁縫	材質類別	銅鎏金、織品、紙質、棉花及各類纖維
文物現況	頂戴與帽纓狀況完整，帽胎嚴重破損變形、絆帶斷裂。		

研究後文物說明

　　江昶榮原名江上蓉，字樹君，號春舫，祖籍廣東。道光二十一年（1841）生於屏東縣內埔鄉竹圍村，於光緒二十一年（1895）逝世，享年 55 歲。江氏生前詩作豐富，於光緒九年（1883）參加癸未科殿試，登進士三甲 137 名，後獲得朝廷欽加五品奉政大夫庶吉士之銜。

　　該帽為江敞榮遺物，屬冬吉服冠式（亦可能做為冬行服冠之用），又稱冬帽或煖帽，帽胎保存狀況不佳，見多處破損且有坍塌變形的情況，但大致能辨識其原來形制樣貌。帽胎作圓頂翻檐式，帽胎外側裹以黑色絲緞，翻檐處內填充有由紙料包裹植物纖維；圓頂處則內填紙料棉花等。帽胎側則襯以米色棉布，並於頂部見有八道打摺，摺痕呈順時針排列。此外，帽口兩端見綴有藍色棉質絆帶，但有些許斷裂。

　　帽胎以上亦覆有紅色棉繩所編織之紅纓，且纓首提環亦無斷裂或嚴重耗損，整體保存狀況完整。此帽之冠頂頂珠為銅胎鎏金，為俗稱「素金頂」，珠呈束圓狀，屬文武七品官員暨進士頂品秩，應為江氏考取進士後所用帽冠。頂珠內部中空，中間隱約可見範線。其餘頂座樣式皆與夏行服冠頂同，唯座栓底部圓片鏨刻有「□（疑似「敦」字）記」字樣，應為店號款，

　　清代官員吉服冠頂又稱平時帽頂，可同常服冠與行服冠使用，其創制雍正三年（1725）並於雍正八年（1730）採用玻璃材質替代寶石，奠定爾後清代帽頂的品級區分，該帽頂頂珠應屬銅鎏金材質，屬七品文武官員暨進士品秩。

修護建議	□現況保存　■緊急處理：需將破損處黏合

參考文獻	1. 興建江進士詩碑籌備會，《江進士碑落成紀念專刊》，屏東：內埔鄉公所，1971 年 5 月，頁 5。 2. 《清實錄（五四）》，〈清德宗景皇帝實錄（三）〉，北京：中華書局，1987 年 5 月，頁 289。 3. 開物國科技文化事業有限公司（年代不詳）。〔主要名稱：官帽〕。《數位典藏與數位學習聯合目錄》。http://catalog.digital-archives.tw/item/00/66/7e/fa.html（2014/08/16 瀏覽）。 4. （清）王侃，〈皇朝冠服志〉，《巴山七種》。王侃，〈皇朝冠服志〉，《巴山七種》（冊 1），清同治四年（1865 年）光裕堂刊本，頁 5、8～9。（原件為中央研究院歷史語言研究所傅斯年圖書館藏善本，典藏編號：089.76 033 v.1）

建議級別	一般古物	文物正面照片
建議級別理由	■具有歷史意義或能表現傳統、族群或地方文化特色 ■具有史事淵源 ■具有一定之時代特色、技術及流派 ■具有藝術造詣或科學成就 □具有珍貴及稀有性者 ■具有歷史、文化、藝術或科學價值	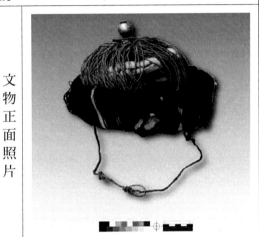

文物上視與下視照片

 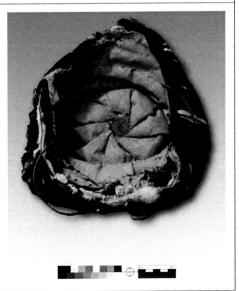

帽頂頂座狀況檢視與局部特徵照	
	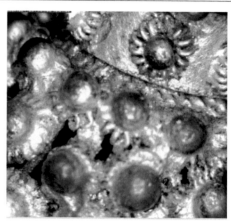
帽纓狀況檢視與局部特徵照	

帽胎狀況檢視與局部特徵照	

文物測繪圖

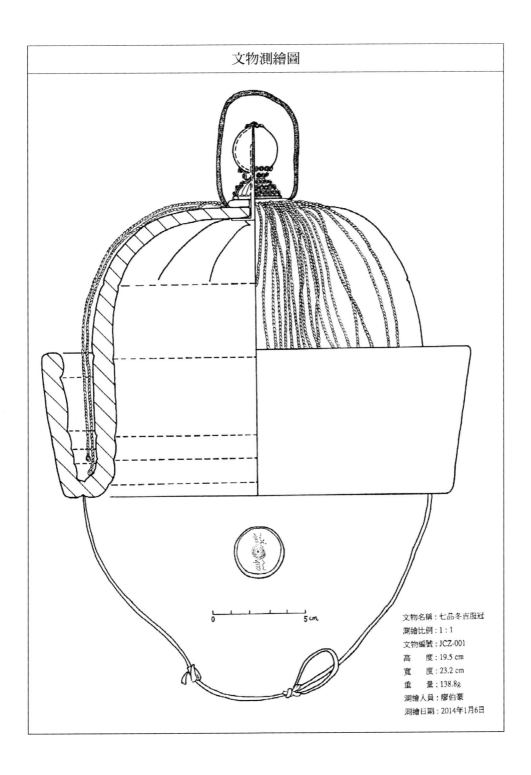

0　　　　　　5 cm

文物名稱：七品冬吉服冠
測繪比例：1：1
文物編號：JCZ-001
高　　度：19.5 cm
寬　　度：23.2 cm
重　　量：138.8g
測繪人員：廖伯豪
測繪日期：2014年1月6日

附件一-4-c

記錄人：廖伯豪　　　　　　　**文物登錄表**　　　　　日期：100 年 03 月 05 日

原典藏號	無	論文研究號	JCR-03
文物名稱	皮製官帽盒		
研究後文物名稱	夏帽漆盒		
文物保管機構	現由江家後人收藏		
藏品來源	□購置　□捐贈　□移交　□考古出土　■傳世		
尺寸（cm）	寬／直徑：34.5cm、高：28cm	重量（g）	976.86g
組　件	1	所 有 人	溫蘭英
年　代	清光緒	入藏時間	歷史傳世
產地／作者	中國	功能分類	生活及禮儀器物
製作技法	木作、漆作、皮革作	材質類別	木、織品、漆
文物現況	多處破損、且見漆層有剝裂的現象。		

研究後文物說明

　　江昶榮原名江上蓉，字樹君，號春舫，祖籍廣東。道光二十一年（1841）生於屏東縣內埔鄉竹園村，於光緒二十一年（1895）逝世，享年 55 歲。江氏生前詩作豐富，於光緒九年（1883）參加癸未科殿試，登進士三甲 137 名，後獲得朝廷欽加五品奉政大夫庶吉士之銜。

　　該帽盒為江昶榮進士遺物，內盛五品夏行服冠與七品暨進士冬冠各一件，通器以布、木為胎，上施褐色漆，外觀呈素面、貌似皮質。器形特徵為尖頂斜坡式盒蓋、下接圓筒直壁盒身。蓋身以一雲頭形鐍片銜接之，呈單側開闔，原配有鎖具，今已佚失，帽盒底部見有雙鳳眼式托槽。

修護建議	□現況保存　■緊急處理：需將破裂處黏合
參考文獻	1. 興建江進士詩碑籌備會，《江進士碑落成紀念專刊》，屏東：內埔鄉公所，1971 年 5 月，頁 5。 2. 《清實錄（五四）》，〈清德宗景皇帝實錄（三）〉，北京：中華書局，1987 年 5 月，頁 289。 3. 開物國科技文化事業有限公司（年代不詳）。〔主要名稱：皮製官帽盒〕《數位典藏與數位學習聯合目錄》。http://catalog.dig-italarchives.tw/item/00/66/7e/f7.html（2014/08/17 瀏覽）。 4. 中川子信，《清俗紀聞》，臺北：大立出版社，1982 年，卷之三頁 6。

建議級別	一般古物		
建議級別理由	■具有歷史意義或能表現傳統、族群或地方文化特色 ■具有史事淵源 ■具有一定之時代特色、技術及流派 ■具有藝術造詣或科學成就 □具有珍貴及稀有性者 ■具有歷史、文化、藝術或科學價值	文物正面照片	

文物側視與後視照片

文物狀況檢視與局部特徵照

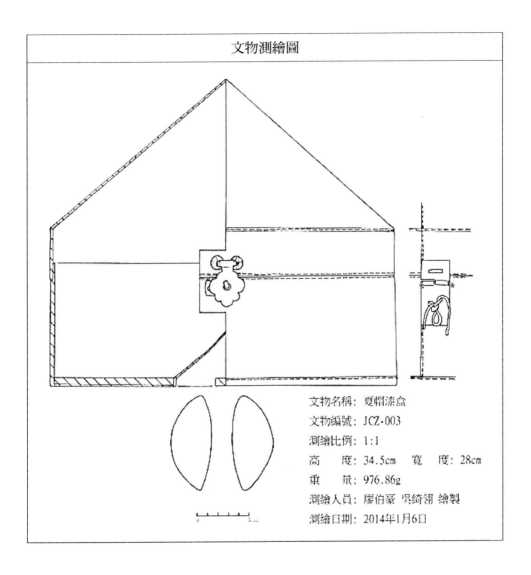

文物測繪圖

文物名稱：夏帽漆盒

文物編號：JCZ-003

測繪比例：1:1

高　　度：34.5cm　寬　度：28cm

重　　量：976.86g

測繪人員：廖伯豪　吳綺翎　繪製

測繪日期：2014年1月6日

附件一-5-a

記錄人：廖伯豪　　　　　　**文物登錄表**　　　　　　日期：100 年 03 月 05 日

原典藏號	88-0045-2	論文研究號	GSG-01
文物名稱	官帽		
研究後文物名稱	七品暨進士夏行服冠		
文物保管機構	國史館臺灣文獻館		
藏品來源	■購置　□捐贈　□移交　□考古出土　□傳世		
尺寸（cm）	寬／直徑：28.8cm、高：16cm	重量（g）	171g
組　件	1	所 有 人	國史館臺灣文獻館
年　代	清乾隆－道光	入藏時間	
產地／作者	中國地區	功能分類	生活及禮儀器物
製作技法	銅鎏金、車鏇、編織、縫製、簡單合縫螺旋編法	材質類別	銅鎏金、織品、藤篾
文物現況	帽頂：帽頂座軸歪斜、建議拆卸移除，分開保存，以免造成帽體承載壓力不均，造成塌陷變形。 紅纓：狀況良好，表面有灰塵附著，其紅色染料移染至帽身。 帽胎：帽身內側見有「88-104-2」標籤貼紙，並覆以透明膠帶，建議貼紙亦可移除，避免膠漬殘留，登錄資料改以綁繫方式繫上。		

研究後文物說明

　　帽胎為斗笠狀，為藤篾類植物盤繞編織而成。王侃《皇朝冠服志》載：「羽纓涼帽編藤為棚，圈上有絡，以有底盤之螺絲通天柱自絡頂小孔貫出棚頂，再貫羽纓月子，出二、三分管，以小轉錢用母頂旋轉、牝牡相接。羽纓用口外毛牛尾染紅紫色，長出帽棚邊寸餘。月子用皮，與梁俱染紅色，梁亦毛牛尾搓成。無頂戴者用之，有頂戴者惟出行、弔喪暫用。棚頂或尖或平式、或高聳、或平坦，各隨時不拘。」帽胎棚內帽圈今已散佚，帽胎上方並非覆以染紅牛毛纓，而是絞絲絮繩所編成的紅纓。

　　帽纓與帽胎由一銅胎鎏金帽頂栓接，帽頂頂座為瓣形壽喜紋，頂珠部分鎏金層已剝落而露胎，故之其為銅胎鎏金。帽頂樣式係為清代七品文武官員暨進士品秩，就帽胎材質與特徵應做為行服配戴之用。

　　清代官員吉服冠頂又稱平時帽頂，可同常服冠與行服冠使用，其創制雍正三年（1725）並於雍正八年（1730）採用玻璃材質替代寶石，奠定爾後清代帽頂的品級區分，該帽頂頂珠應屬銅鎏金材質，屬七品文武官員暨進士品秩。

修護建議	■現況保存　□緊急處理
參考文獻	1. 王侃，〈皇朝冠服志〉，《巴山七種》（冊 1），清同治四年（1865 年）光裕堂刊本，頁 10～11。（原件為中央研究院歷史語言研究所傅斯年圖書館藏善本，典藏編號：089.76 033 v.1） 2. 崑岡等，《欽定大清會典圖（光緒朝）》（收錄於《續修四庫全書》），上海：上海古籍出版社，2002 年，頁 630、662、763、771、773、790、793、796。 3. 陳奇祿，〈臺灣高山族的編器〉，《考古人類學刊》第四期，1954 年 11 月，頁 3。

建議級別	列冊	文物正面照片
建議級別理由	■具有歷史意義或能表現傳統、族群或地方文化特色 □具有史事淵源 ■具有一定之時代特色、技術及流派 ■具有藝術造詣或科學成就 □具有珍貴及稀有性者 ■具有歷史、文化、藝術或科學價值	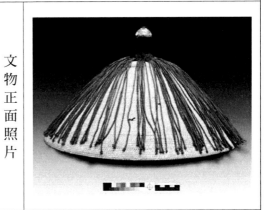

文物上視與下視照片

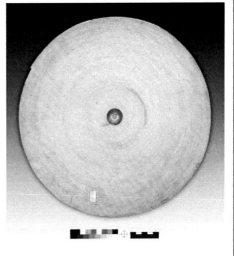

帽頂頂座狀況檢視與局部特徵照	

帽纓狀況檢視與局部特徵照	

帽胎狀況檢視與局部特徵照

 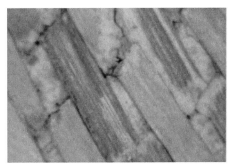

文物測繪圖

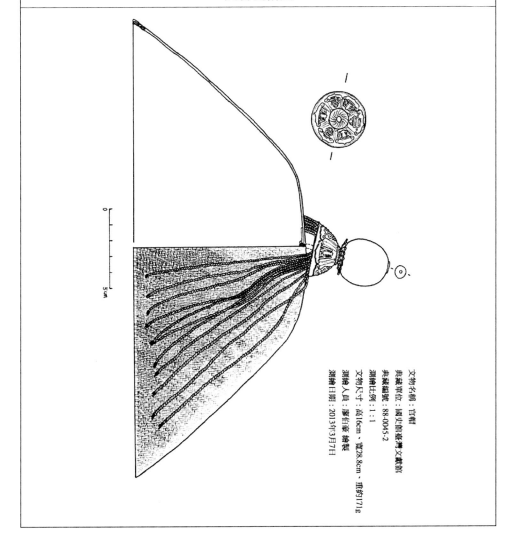

文物名稱：涼帽
典藏單位：國史館臺灣文獻館
典藏編號：88-0045-2
測繪比例：1：1
文物尺寸：高16cm，寬28.8cm，重約171g
測繪人員：廖伯豪　繪製
測繪日期：2013年3月7日

附件一-5-b

記錄人：廖伯豪	文物登錄表		日期：100 年 03 月 05 日	
原典藏號	69-103		論文研究號	GSG-02
文物名稱	清代士兵帽			
研究後文物名稱	羽纓涼帽			
文物保管機構	國史館臺灣文獻館			
藏品來源	■購置　□捐贈　□移交　□考古出土　□傳世			
尺寸（cm）	寬／直徑：23.2cm、高：19.5cm		重量（g）	131.3g
組　件	1		所 有 人	國史館臺灣文獻館
年　代	清乾隆－道光		入藏時間	
產地／作者	中國地區		功能分類	生活及禮儀器物
製作技法	銅鎏金、車鏇、動物毛髮染色、簡單合縫螺旋編法		材質類別	銅鎏金、藤蔑、動物毛髮、織品
文物現況	帽頂：頂座氧化失去光澤，不見有頂珠。 紅纓：有脫毛現象，並見有捲曲及脫落現象。 帽胎：可見黏有「文物-018」標籤，建議移除以避免膠漬殘留。並建議登錄資料改以綁繫方式繫上。			

研究後文物說明

　　帽胎呈斗笠狀，為藤篾類植物盤繞編織而成。王侃《皇朝冠服志》載：「羽纓涼帽編藤為棚，圈上有絡，以有底盤之螺絲通天柱自絡頂小孔貫出棚頂，再貫羽纓月子，出二、三分管，以小轉錢用母頂旋轉、牝牡相接。羽纓用口外毛牛尾染紅紫色，長出帽棚邊寸餘。月子用皮，與梁俱染紅色，梁亦毛牛尾搓成。無頂戴者用之，有頂戴者惟出行、弔喪暫用。棚頂或尖或平式、或高聳、或平坦，各隨時不拘。」

　　帽胎棚內帽圈今已散佚，帽胎上方為染紅動物毛纓，且長過帽簷。兩者由一銅胎鎏金拴合結構栓接，此結構為頂戴座底，該座底上有一根螺桿，作母螺絲形式，其功能同小轉前，用以栓夾帽胎語帽纓。該帽有可能是頂戴散佚或本無頂戴，故保守將之定為一般常民用羽纓冠而不作形服冠視之。

修護建議	□現況保存　■緊急處理：需將破損處黏合
參考文獻	1. 王侃，〈皇朝冠服志〉，《巴山七種》（冊1），清同治四年（1865年）光裕堂刊本，頁10～11。（原件為中央研究院歷史語言研究所傅斯年圖書館藏善本，典藏編號：089.76 033 v.1） 2. 崑岡等，《欽定大清會典圖（光緒朝）》（收錄於《續修四庫全書》），上海：上海古籍出版社，2002年，頁630、662、763、771、773、790、793、796。

	3. 陳奇祿，〈臺灣高山族的編器〉，《考古人類學刊》第四期，1954年 11 月，頁 3。

建議級別	列冊	
建議級別理由	■具有歷史意義或能表現傳統、族群或地方 □文化特色具有史事淵源 ■具有一定之時代特色、技術及流派 □具有藝術造詣或科學成就 □具有珍貴及稀有性者 ■具有歷史、文化、藝術或科學價值	文物正面照片 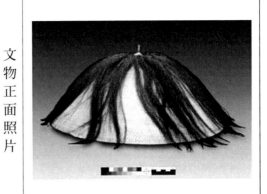

文物上視與下視照片

 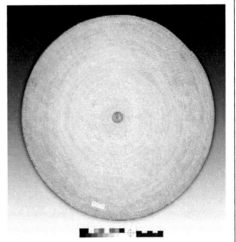

帽頂頂座狀況檢視與局部特徵照

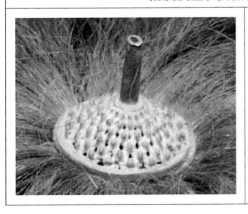 

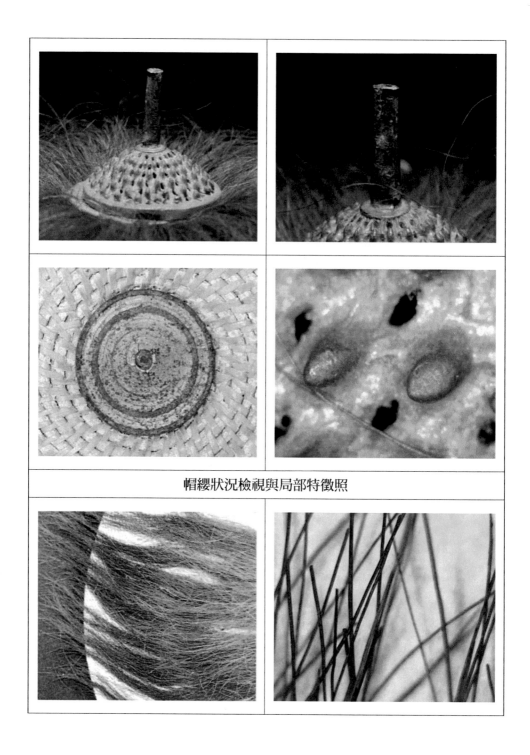

帽纓狀況檢視與局部特徵照

帽胎狀況檢視與局部特徵照

文物測繪圖

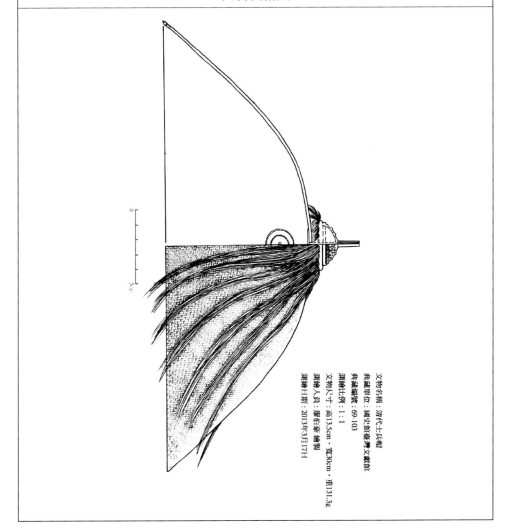

文物名稱：清代土兵帽
典藏單位：國史館臺灣文獻館
典藏編號：69-103
測繪比例：1：1
文物尺寸：高13.5cm，寬30cm，重131.3g
測繪人員：廖伯豪繪製
測繪日期：2013年3月17日

附件一-5-c

記錄人：廖伯豪　　　　　　　**文物登錄表**　　　　日期：100 年 03 月 05 日

原典藏號	0188-004-1	論文研究號	GSG-03
文物名稱	布帽盒		
研究後文物名稱	藍布夏帽盒		
文物保管機構	國史館臺灣文獻館		
藏品來源	■購置　□捐贈　□移交　□考古出土　□傳世		
尺寸（cm）	寬／直徑：35.5cm、高：21.8cm	重量（g）	965.68g
組　件	1	原所有人	不明
年　代	清	入藏時間	不明
產地／作者	中國地區	功能分類	生活及禮儀器物
製作技法	拼布、拼板、裁縫	材質類別	布料、棉花、木板
文物現況	文物表面有褪色現象，沾染灰塵較厚，盒外側表面布料見部分音磨損而導致破裂的現象。整體結構完整，無立即損壞問題，但見有昆蟲等生物排遺，建議盡早移除。		

研究後文物說明

　　帽盒亦稱作「帽箱」，全器為上下開闔式，器蓋頂部作一圓柱鈕狀、弧肩闊簷向下接子母口。盒身作子母口直壁並下接平底，整體呈圓盤狀，盒底可見雙鳳眼式托槽。全器以木板拼接成形，器外壁覆以藍色棉布，內壁裏以淺藍色絲綢布料，內填以紙張、棉絮等纖維填充物。

　　此件帽盒盒蓋外形皆與夏冠造形相符，其中帽蓋鈕狀空間可做為方便容納有頂戴之官帽使用，故定名為藍布夏帽盒，此件帽盒可同時與典藏編號 88-0045-2 之七品暨進士夏行服冠成套配置。清代帽盒作為日常儲放冬冠或夏冠的工具，為清代所特有，故其盒蓋會依照冠帽形式而有尖頂蓋與平頂蓋兩式。成書於日本寬正年間的《清俗紀聞》中，即有針對冬帽盒的圖像描繪。

修護建議	□現況保存　■緊急處理：需將破損處黏合
參考文獻	中川信子，《清俗紀聞》，臺北：大立出版社，1982 年，卷之三頁6。

建議級別	列冊	
建議級別理由	■具有歷史意義或能表現傳統、族群或地方文化特色 □具有史事淵源 ■具有一定之時代特色、技術及流派 □具有藝術造詣或科學成就 □具有珍貴及稀有性者 ■具有歷史、文化、藝術或科學價值	文物正面照片 

文物上視與下視照片

帽盒內部特徵照

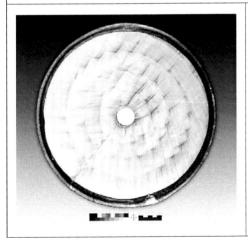 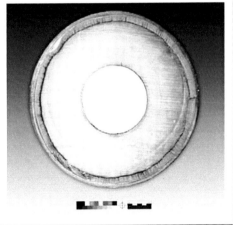

帽盒材質細部照

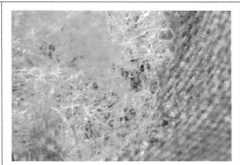

文物測繪圖

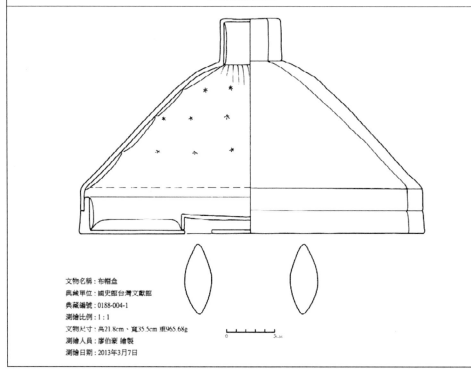

文物名稱：布帽盒
典藏單位：國史館台灣文獻館
典藏編號：0188-004-1
測繪比例：1：1
文物尺寸：高21.8cm、寬35.5cm 重965.68g
測繪人員：廖伯豪 繪製
測繪日期：2013年3月7日

附件一-6-a

記錄人：廖伯豪　　　　　　　文物登錄表　　　　　　日期：101 年 10 月 29 日

原典藏號	20112057a，總號 721	論文研究號	CY-01
文物名稱	官帽盒－帽子		
研究後文物名稱	七品暨進士夏行服冠（含玉翎管）		
文物保管機構	國立傳統藝術中心		
藏品來源	■購置　□捐贈　□移交　□考古出土　□傳世		
尺寸（cm）	寬／直徑：30cm、高：14.6cm	重量（g）	16.73g（不含頂戴）
組　件	1	原所有人	不明
年　代	清乾隆－道光	入藏時間	不明
產地／作者	中國地區	功能分類	生活及禮儀器物
製作技法	銅鎏金、模鑄、車鏇作、編織、玉作、簡單合縫螺旋編法、透孔六角編織法	材質類別	藤蔑、玉石、銅、絲織品
文物現況	保存狀況完整，唯翎管金屬襯片有殘，現用帽纓綁繫，建議另外固定。		

研究後文物說明

　　帽胎為藤草盤織而成，帽胎內緣見有一墨書「星記」店號款。此外，帽胎外覆以紅纓，該帽纓非文獻中的染色牛毛纓，纓月子呈圓餅狀，表面為紅色片金布料，並由一條紅色粗繩穿於月子兩端作提梁；羽纓則由數條紅色細辮繩組成且長過帽簷。帽胎內側夾有一獨立藤編網罩式帽圈，網絡用透孔六角編織法編成，並以紅色棉布包邊，頭罩兩端綴一青色絆帶。

　　紅纓、帽胎與帽圈皆由一鎏金頂戴拴合，此頂戴主要可分為座柱螺絲、頂珠、座托、座底與座底螺絲，座柱螺絲與座底螺絲採對栓式拴合法。座軸螺絲頭作團花形，中央及花瓣尖端皆焊有小珠；頂珠內部中空，表面可見部分鎏金層已脫落並露出銅胎；座托作尖瓣花口式；座底則為三層覆菊瓣紋樣式，座底上則焊有母螺絲桿；座栓螺帽一端呈圓片狀，且素面無紋。帽上頂戴應為素金頂，屬文武七品官及進士頂品秩，推測應作為行服冠使用。此外，帽纓與帽頂間亦見有一白玉翎管，並包鑲以銅質夾片，但夾片有殘斷，推測為後人額外附加，才僅以紅繩繫於座底螺絲。

修護建議	□現況保存　■緊急處理：需將破損處黏合
參考文獻	1. 王侃，〈皇朝冠服志〉，《巴山七種》（冊 1），清同治四年（1865 年）光裕堂刊本，頁 10～11。（原件為中央研究院歷史語言研究所傅斯年圖書館藏善本，典藏編號：089.76 033 v.1）

2. 崑岡等，《欽定大清會典圖（光緒朝）》（收錄於《續修四庫全書》），上海：上海古籍出版社，2002 年，頁 630、662、763、771、773、790、793、796。

3. （清）王侃，〈皇朝冠服志〉，《巴山七種》。王侃，〈皇朝冠服志〉，《巴山七種》（冊 1），清同治四年（1865 年）光裕堂刊本，頁 5、10～11。（原件為中央研究院歷史語言研究所傅斯年圖書館藏善本，典藏編號：089.76 033 v.1）

4. 陳奇祿，〈臺灣高山族的編器〉，《考古人類學刊》第四期，1954 年 11 月，頁 3。

建議級別	列冊	
建議級別理由	■具有歷史意義或能表現傳統、族群或地方文化特色 □具有史事淵源 ■具有一定之時代特色、技術及流派 □具有藝術造詣或科學成就 □具有珍貴及稀有性者 ■具有歷史、文化、藝術或科學價值	文物正面照片 

文物上視與下視照片

帽頂狀況檢視與局部特徵

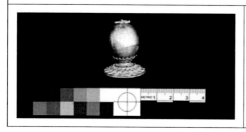

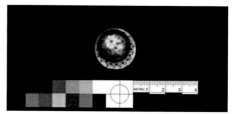

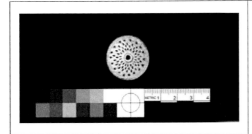
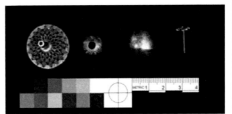

帽纓狀況檢視與局部特徵照

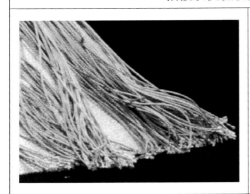
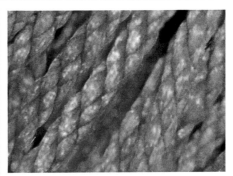

帽胎狀況檢視與局部特徵照

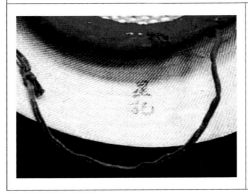
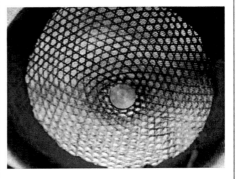

文物測繪圖

文物名稱：七品暨進士夏行服冠
典藏單位：國立傳統藝術中心
典藏編號：20112057a
測繪比例：1：1
寬度：30cm　高度：14.6cm　重：16.73g
測繪人員：廖伯豪 繪製
測繪日期：2012年10月29日

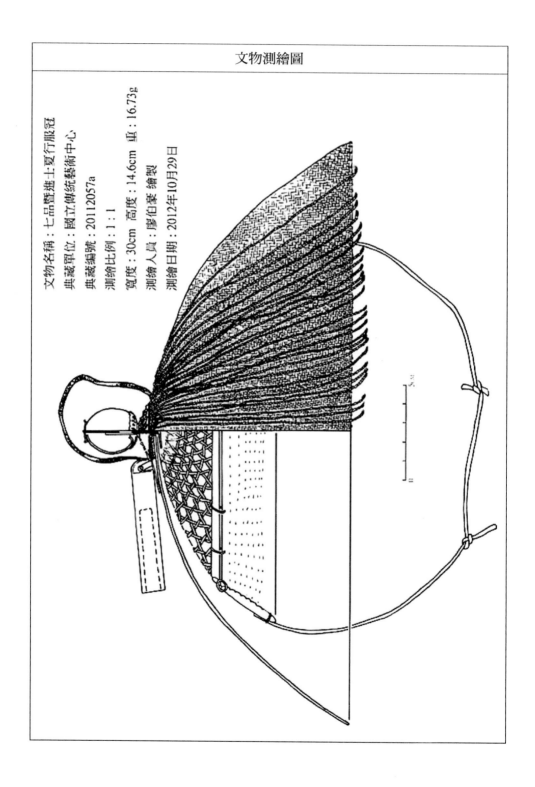

附件一-6-b

記錄人：廖伯豪　　　　　　　文物登錄表　　　　　　日期：101 年 10 月 29 日

原典藏號	20112057b、20112057c，總號 721	論文研究號	CY-02
文物名稱	官帽盒、蓋		
研究後文物名稱	藤編夏帽盒		
文物保管機構	國立傳統藝術中心		
藏品來源	□購置　■捐贈　□移交　□考古出土　□傳世		
尺寸（cm）	寬／直徑：32cm、高：35cm	重量（g）	1032.95g
組　件	2	原所有人	不明
年　代	清代	入藏時間	不明
產地／作者	中國地區	功能分類	生活及禮儀器物
製作技法	簡單合縫螺旋編法	材質類別	藤蔑
文物現況	狀況完整		

研究後文物說明

　　該文物係為藤蔑採簡單合縫螺旋編法編織而成，主要可分為盒底與盒蓋，蓋頂呈葫蘆鈕狀，以下呈雙坡式、最後折肩下接子母口，其中蓋頂應為容納朝冠頂之空間，盒蓋整體做夏朝冠造形，內側亦見有墨書「應統祿」字樣。盒底做一圓盒狀，底部中央外凹內凸，外側底部凹弧處見有一托柄設計，應作為托持帽盒之用。

　　清代帽盒作為日常儲放冬冠或夏冠的工具，為清代所特有，故其盒蓋會依照冠帽形式而有尖頂蓋與平頂蓋兩式。成書於日本寬正年間的《清俗紀聞》中，即有針對冬帽盒的圖像描繪。

　　該帽盒於機構典藏時與 20112057b（總 721）之七品暨進士夏行服冠配套，但若就形制觀察，其盒蓋頂採葫蘆狀，高度亦較一般夏帽盒的圓柱鈕狀頂高，且盒蓋採折檐，刻意模仿下朝冠緣厚突帽檐之特徵，故可合理推測該帽盒原為盛裝清代夏朝冠之用。即帽盒與 20112057b（總 721）之七品暨進士夏行服冠原來應屬各自使用脈絡，至後人加以配套收藏。

修護建議	□現況保存　■緊急處理：需將破損處黏合
參考文獻	1. 中川信子，《清俗紀聞》，臺北：大立出版社，1982 年，卷之三頁 6。 2. 陳奇祿，〈臺灣高山族的編器〉，《考古人類學刊》第四期，1954 年 11 月，頁 3。

建議級別	列冊	
建議級別理由	■具有歷史意義或能表現傳統、族群或地方文化特色 □具有史事淵源 ■具有一定之時代特色、技術及流派 □具有藝術造詣或科學成就 □具有珍貴及稀有性者 ■具有歷史、文化、藝術或科學價值	文物正面照片

文物下視與內側照片

帽胎狀況檢視與局部特徵照

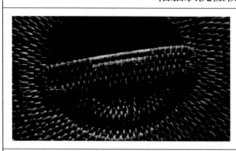

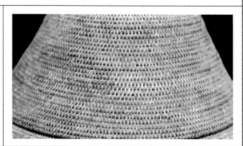

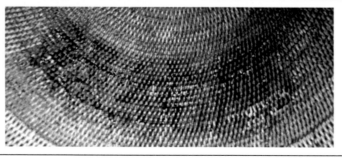

附件一-7

記錄人：廖伯豪	**文物登錄表**		日期：100 年 03 月 05 日

原典藏號	PTHM039.001（文物系統代碼）	論文研究號	PDKJ-01
文物名稱	官帽		
研究後文物名稱	二品夏吉服冠		
文物保管機構	屏東縣客家文物館		
藏品來源	■購置　□捐贈　□移交　□考古出土　□傳世		
尺寸（cm）	寬／直徑：31.7cm、高：19.8cm	重量（g）	131.3g
組　件	1	所 有 人	屏東縣客家文物館
年　代	清光緒－宣統	入藏時間	
產地／作者	中國地區	功能分類	生活及禮儀器物
製作技法	掏膛、打磨、牙骨染色、鎏金、車鏇、竹編、糊紙、車縫、纍絲、焊珠	材質類別	牙骨、竹、銅銀鎏金、絲織品、紙
文物現況	原帽胎多處破損，已於 2014 年 5 月由國立臺南藝術大學博物館學與古物修護研究所完成帽胎加固工作。		

研究後文物說明

　　該件官帽主要可分為三個部分，即頂戴、帽纓與帽胎。王侃《皇朝冠服志》記載：「緯帽棚形如覆釜，以細篾編成，上蒙紗羅，粉白、淡青隨色，裏則必用正紅。亦有象牙扁絲及細竹絲編作花紋，不蒙紗羅但用紅裏者。皆以粗鐵絲裏紙，如箸外包織金作圍邊，上加細黑辮一道，前載如菽洋珠一顆為飾。著頭帽圈不用網絡，載於棚裏，圈高寬五分以紅綢紬裏紙為之，帽絆載其上。纓緯如煖帽加長，下露圍邊。」

　　該帽頂戴頂珠為染色骨牙材質，前後陰刻團「壽」字紋；座軸螺絲作公螺絲，其螺絲頭作菊瓣形，花瓣尖端焊有銅珠；座托呈折腰斗形，表面佈滿花蕾狀裝飾；座底呈三層菊瓣式，其樣式同座軸螺絲，亦為菊瓣尖端焊有銅珠，為銅鎏金座；座底螺絲呈公母螺絲合體，可與座軸螺絲用以拴合頂戴、帽纓與帽胎，頭部圓片見鏨刻「玉合□」店號款。紅色帽纓夾合於帽頂與帽胎之間，可分為月子與纓子，月子由一橫條盤成圓餅狀，中間有孔，兩端繫有一紅繩作活動式提梁，亦可同時固定帽頂，纓子呈紅色，作流蘇狀。纓下為帽胎，作敞簷斗笠式，胎內以竹篾編織為骨架，骨架內外再鋪以七層含紙質及布質內襯。帽胎內側裏以紅色紗、外側表有牙白色布料、帽緣為紅色交織金線緞質鑲邊，帽棚內見有一布質帽圈，帽圈上見殘留部分絆帶斷片，整體來說大抵符合古文獻中對清代吉服冠特徵的描述。

　　該帽為清代官員夏吉服冠式，亦可作為常服冠使用。同時參考其頂戴特徵，其頂珠刻意模仿鏤花珊瑚，屬文武二品官員品秩，故該官帽為清代文武二品官員使用。

修護建議	□現況保存　■緊急處理：需將破損處黏合
參考文獻	1. 王侃，〈皇朝冠服志〉，《巴山七種》（冊1），清同治四年（1865年）光裕堂刊本，頁10～11。（原件為中央研究院歷史語言研究所傅斯年圖書館藏善本，典藏編號：089.76 033 v.1） 2. 崑岡等，《欽定大清會典圖（光緒朝）》（收錄於《續修四庫全書》），上海：上海古籍出版社，2002年，頁630、662、763、771、773、790、793、796。 3. 開物國科技文化事業有限公司（年代不詳）。〔主要名稱：官帽〕。《數位典藏與數位學習聯合目錄》。http://catalog.digitalar-chives.tw/item/00/66/7f/0b.html（2014/08/17 瀏覽）。

建議 級別	列冊	
建議級別理由	■具有歷史意義或能表現傳統、族群或地方 □文化特色具有史事淵源 ■具有一定之時代特色、技術及流派 □具有藝術造詣或科學成就 □具有珍貴及稀有性者 ■具有歷史、文化、藝術或科學價值	文物正面照片 

文物上視與下視照片

 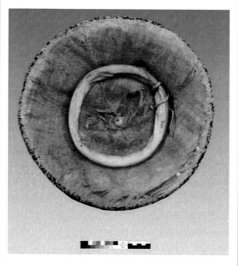

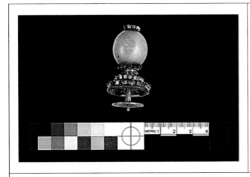
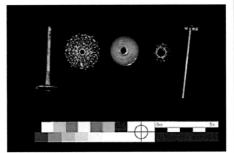

帽頂狀況檢視與局部特徵照

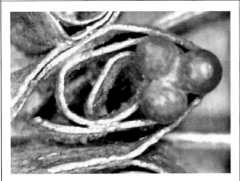

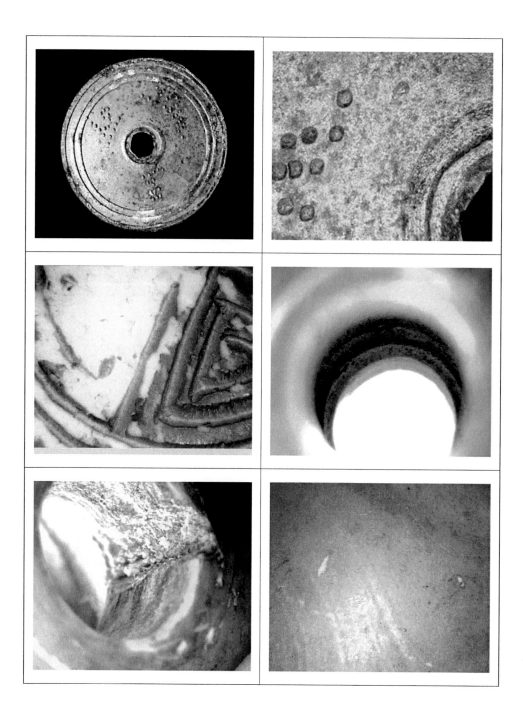

帽胎狀況檢視與局部特徵照（由外至內）	
R1（帽檐片金鑲邊）	R1（帽檐藍絮帶鑲邊）
R1-R3	R3-R5
R6	R7

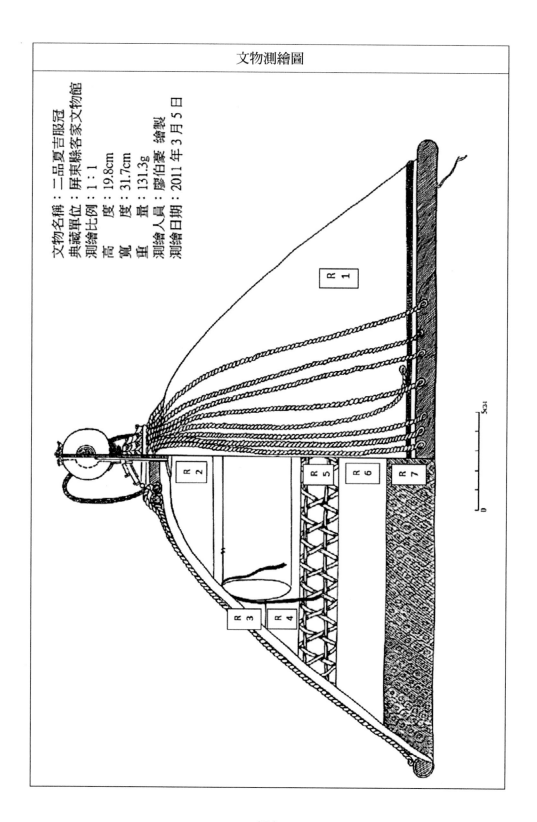

文物測繪圖

文物名稱：二品夏吉服冠
典藏單位：屏東縣客家文物館
測繪比例：1：1
高　度：19.8cm
寬　度：31.7cm
重　量：131.3g
測繪人員：廖伯豪　繪製
測繪日期：2011 年 3 月 5 日

附件一-8-a

記錄人：廖伯豪　　　　　　**文物登錄表**　　　　　日期：102 年 11 月 15 日

原典藏號	無	論文研究號	P-01
文物名稱	六品頂戴		
研究後文物名稱	六品白色涅玻璃吉服冠頂		
文物保管機構	私人收藏		
藏品來源	■購置　□捐贈　□移交　□考古出土　□傳世		
尺寸（cm）	寬／直徑：cm、高：cm	重量（g）	
組　件	1	所　有　人	私人收藏
年　代	乾隆-同治	入藏時間	
產地／作者	中國地區	功能分類	生活及禮儀器物
製作技法	模鑄、車鏇作、鎏金、吹玻璃	材質類別	黃銅、金、玻璃
文物現況	整體存狀況完整。		

研究後文物說明

　　全器主要可分成頂座與頂珠兩個部分，頂座為銅質鎏金，共可分四個部位，即座柱螺絲、座托、座底與座底螺絲，座柱螺絲呈公螺絲貌，其頭部一端可見尖瓣團菊紋；座托外側作仰式蓮瓣紋；座底則是飾以淺浮雕覆式三重乳突菊瓣紋，最底層瓣紋間有鏤空，座底上端焊以母螺絲長桿；座底螺絲呈短倒 T 型公螺絲，頭部一端呈圓片狀，並鏨刻「天寶老店」店號款。其中上下座底母螺絲桿，其上下對栓座柱螺絲與座底螺絲。頂珠為正圓形玻璃、內部中空，表面呈白色，並見明顯的橫向紋路。

　　清代官員吉服冠頂又稱平時帽頂，同常服冠與行服冠使用，始於雍正三年（1725）並於雍正八年（1730）採用玻璃材質替代寶石，奠定爾後清代頂戴的品級區分，該頂戴頂珠經檢測為白色涅玻璃，屬六品文武官員品秩，為硨磲頂珠之替代材料。

修護建議	■現況保存　□緊急處理
參考文獻	（清）王侃，〈皇朝冠服志〉，《巴山七種》。王侃，〈皇朝冠服志〉，《巴山七種》（冊 1），清同治四年（1865 年）光裕堂刊本，頁 5。（原件為中央研究院歷史語言研究所傅斯年圖書館藏善本，典藏編號：089.76 033 v.1）

建議級別		文物正面照片
建議級別理由	☐具有歷史意義或能表現傳統、族群或地方文化特色 ☐具有史事淵源 ■具有一定之時代特色、技術及流派 ☐具有藝術造詣或科學成就 ☐具有珍貴及稀有性者 ■具有歷史、文化、藝術或科學價值	

文物上視與下視照片

帽頂狀況檢視與局部特徵照

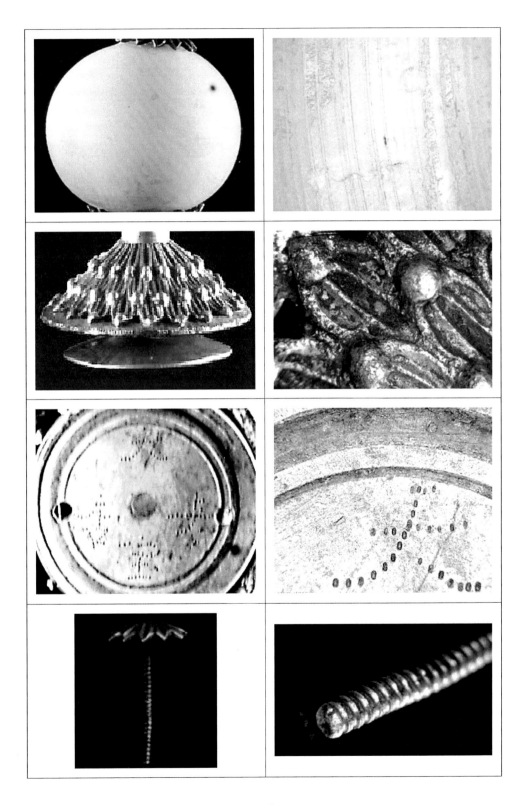

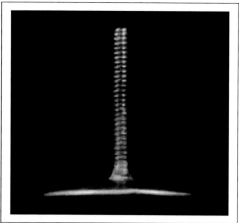
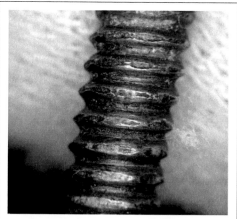

文物測繪圖

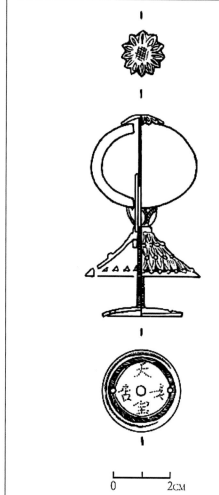

文物名稱:六品白色玻璃吉服冠頂
文物來源:私人收藏
測繪比例:1:1
高　　度:6.7cm
寬　　度:4cm
重　　量:48g
測繪人員:廖伯豪　繪製
測繪日期:2013年11月5日

0　　　　2CM

附件一-8-b

記錄人：廖伯豪　　　　　**文物登錄表**　　　　　日期：101 年 06 月 06 日

原典藏號	無	論文研究號	P-02
文物名稱	五品頂戴		
研究後文物名稱	五品透明玻璃吉服冠頂		
文物保管機構	私人收藏		
藏品來源	■購置　□捐贈　□移交　□考古出土　□傳世		
尺寸（cm）	寬／直徑：3cm、高：5.1cm	重量（g）	36g
組　件	1	所 有 人	私人收藏
年　代	光緒	入藏時間	
產地／作者	中國地區	功能分類	生活及禮儀器物
製作技法	纍絲、焊珠、車鏇作、鎏金、燒玻璃	材質類別	銅、玻璃
文物現況	整體存狀況完整，頂座器表不見光澤，未來可進行清潔。頂珠則見有風化痕跡。		

研究後文物說明
該頂戴為文武五品官員吉服冠頂品秩，亦可同時使用於常服冠與行服冠上，故此類冠頂統稱「平時帽頂」，其創始於雍正三年（1725），座柱螺絲與座底螺絲呈上下套栓式；頂珠為透明玻璃，表面素面無紋但局部已風化，為清代五品官員頂戴典型形制；座柱螺絲頭、座托與座底皆飾滿花蕾狀裝飾，為纍絲與焊珠等技法製成，為清光緒時期頂戴的常見樣式。並鍍有鎏金；座底底圈與纍絲接合處內側則見有明顯焊接痕跡；座底螺絲頭呈圓片凹弧狀，並鏨有「日陞老店」之店號款。

修護建議	■現況保存　□緊急處理
參考文獻	（清）王侃，〈皇朝冠服志〉，《巴山七種》。王侃，〈皇朝冠服志〉，《巴山七種》（冊 1），清同治四年（1865 年）光裕堂刊本，頁 5。（原件為中央研究院歷史語言研究所傅斯年圖書館藏善本，典藏編號：089.76 033 v.1）

建議級別		
建議級別理由	□具有歷史意義或能表現傳統、族群或地方文化特色 □具有史事淵源 ■具有一定之時代特色、技術及流派 □具有藝術造詣或科學成就 □具有珍貴及稀有性者 ■具有歷史、文化、藝術或科學價值	文物正面照片 
文物上視與下視照片		

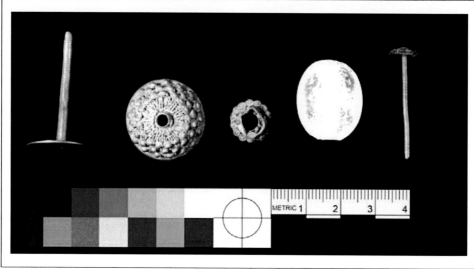		

帽頂狀況檢視與局部特徵照

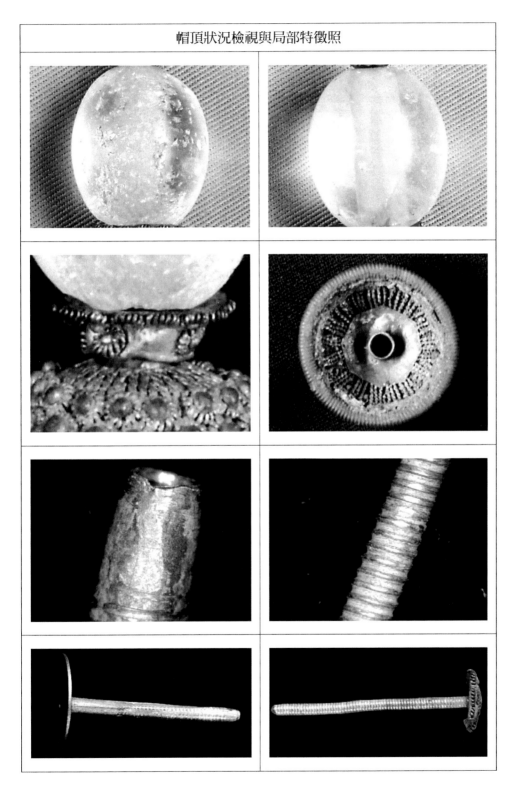

文物測繪圖

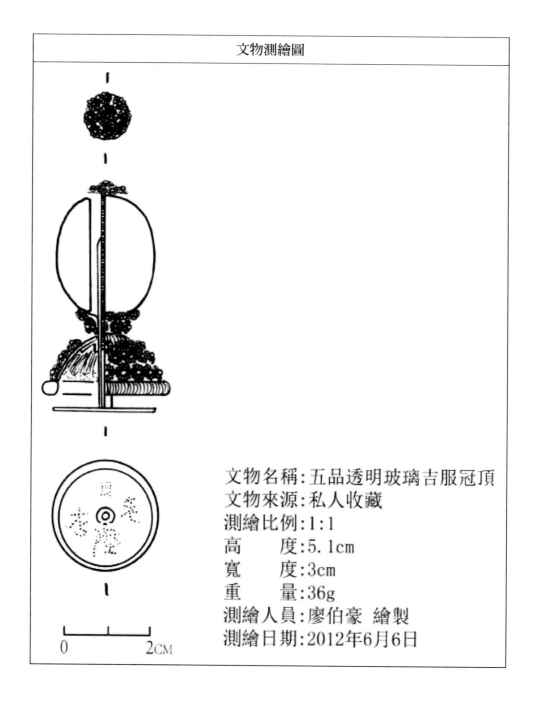

文物名稱:五品透明玻璃吉服冠頂
文物來源:私人收藏
測繪比例:1:1
高　　度:5.1cm
寬　　度:3cm
重　　量:36g
測繪人員:廖伯豪　繪製
測繪日期:2012年6月6日

0　　　　2CM

附件二　頂戴成分檢測數據表

序號	名　　稱	主要元素(%) 檢測結構	銅 Cu	鋅 Zn	鉛 Pb	鐵 Fe	金 Au	銀 Ag	鎳 Ni
01	水交社出土白色涅玻璃吉服冠頂	座頂螺絲頭	58.49	35.32	3.58	2.05			

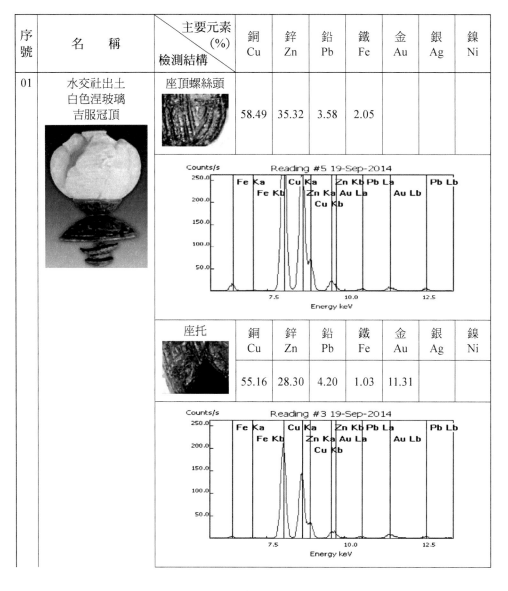

		座托	銅 Cu	鋅 Zn	鉛 Pb	鐵 Fe	金 Au	銀 Ag	鎳 Ni
			55.16	28.30	4.20	1.03	11.31		

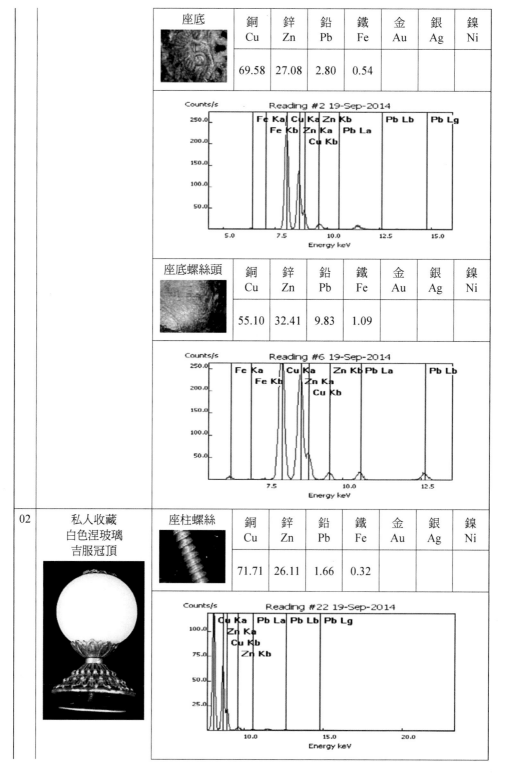

座底	銅 Cu	鋅 Zn	鉛 Pb	鐵 Fe	金 Au	銀 Ag	鎳 Ni
	69.58	27.08	2.80	0.54			

座底螺絲頭	銅 Cu	鋅 Zn	鉛 Pb	鐵 Fe	金 Au	銀 Ag	鎳 Ni
	55.10	32.41	9.83	1.09			

02 私人收藏 白色涅玻璃 吉服冠頂	座柱螺絲	銅 Cu	鋅 Zn	鉛 Pb	鐵 Fe	金 Au	銀 Ag	鎳 Ni
		71.71	26.11	1.66	0.32			

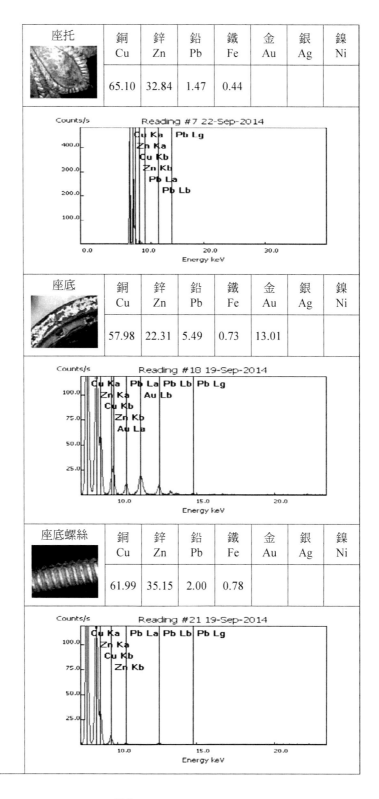

座托	銅 Cu	鋅 Zn	鉛 Pb	鐵 Fe	金 Au	銀 Ag	鎳 Ni
	65.10	32.84	1.47	0.44			

座底	銅 Cu	鋅 Zn	鉛 Pb	鐵 Fe	金 Au	銀 Ag	鎳 Ni
	57.98	22.31	5.49	0.73	13.01		

座底螺絲	銅 Cu	鋅 Zn	鉛 Pb	鐵 Fe	金 Au	銀 Ag	鎳 Ni
	61.99	35.15	2.00	0.78			

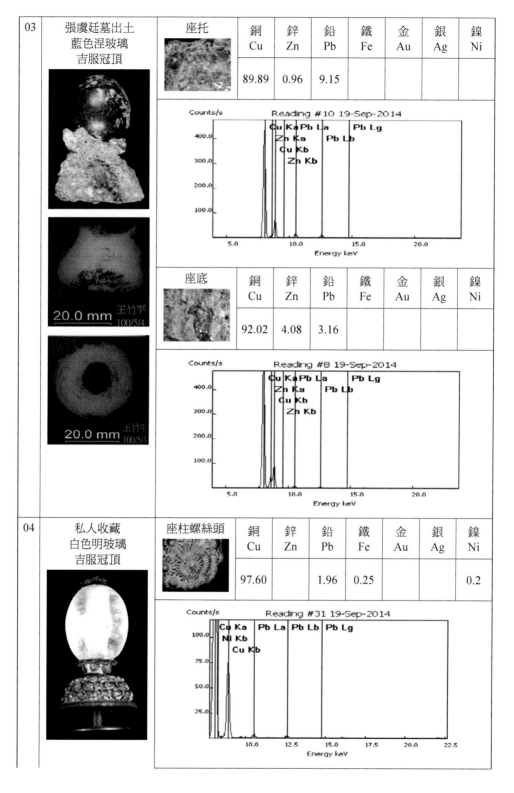

03	張虞廷墓出土 藍色涅玻璃 吉服冠頂	座托	銅 Cu	鋅 Zn	鉛 Pb	鐵 Fe	金 Au	銀 Ag	鎳 Ni
			89.89	0.96	9.15				

Reading #10 19-Sep-2014

		座底	銅 Cu	鋅 Zn	鉛 Pb	鐵 Fe	金 Au	銀 Ag	鎳 Ni
			92.02	4.08	3.16				

Reading #8 19-Sep-2014

04	私人收藏 白色明玻璃 吉服冠頂	座柱螺絲頭	銅 Cu	鋅 Zn	鉛 Pb	鐵 Fe	金 Au	銀 Ag	鎳 Ni
			97.60		1.96	0.25			0.2

Reading #31 19-Sep-2014

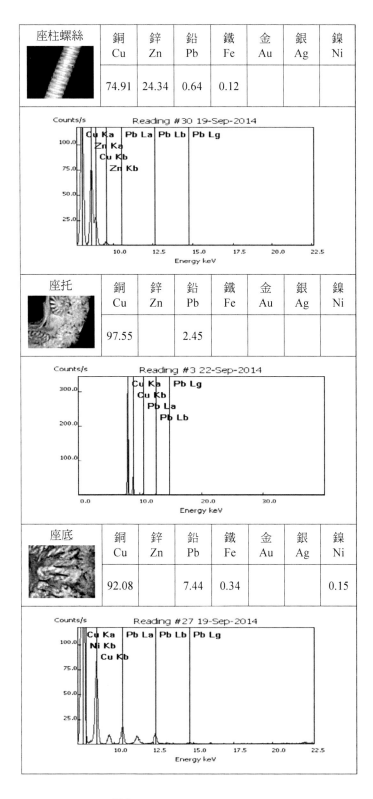

座柱螺絲	銅 Cu	鋅 Zn	鉛 Pb	鐵 Fe	金 Au	銀 Ag	鎳 Ni
	74.91	24.34	0.64	0.12			

座托	銅 Cu	鋅 Zn	鉛 Pb	鐵 Fe	金 Au	銀 Ag	鎳 Ni
	97.55		2.45				

座底	銅 Cu	鋅 Zn	鉛 Pb	鐵 Fe	金 Au	銀 Ag	鎳 Ni
	92.08		7.44	0.34			0.15

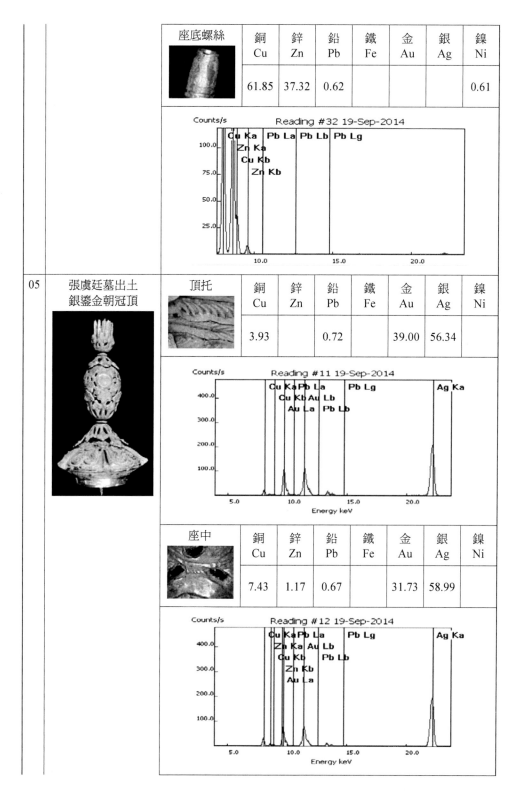

座底螺絲	銅 Cu	鋅 Zn	鉛 Pb	鐵 Fe	金 Au	銀 Ag	鎳 Ni
	61.85	37.32	0.62				0.61

Reading #32 19-Sep-2014

05	張虞廷墓出土銀鎏金朝冠頂	頂托	銅 Cu	鋅 Zn	鉛 Pb	鐵 Fe	金 Au	銀 Ag	鎳 Ni
			3.93		0.72		39.00	56.34	

Reading #11 19-Sep-2014

座中	銅 Cu	鋅 Zn	鉛 Pb	鐵 Fe	金 Au	銀 Ag	鎳 Ni
	7.43	1.17	0.67		31.73	58.99	

Reading #12 19-Sep-2014

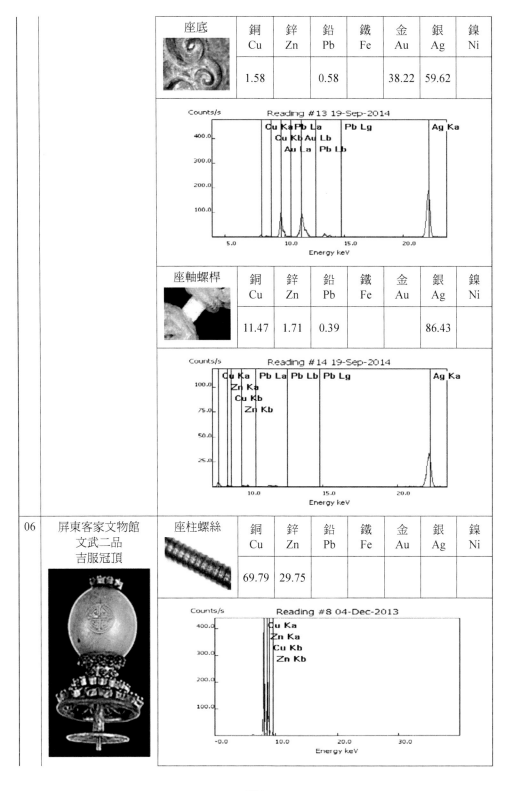

座底	銅 Cu	鋅 Zn	鉛 Pb	鐵 Fe	金 Au	銀 Ag	鎳 Ni
	1.58		0.58		38.22	59.62	

座軸螺桿	銅 Cu	鋅 Zn	鉛 Pb	鐵 Fe	金 Au	銀 Ag	鎳 Ni
	11.47	1.71	0.39			86.43	

06 屏東客家文物館 文武二品 吉服冠頂	座柱螺絲	銅 Cu	鋅 Zn	鉛 Pb	鐵 Fe	金 Au	銀 Ag	鎳 Ni
		69.79	29.75					

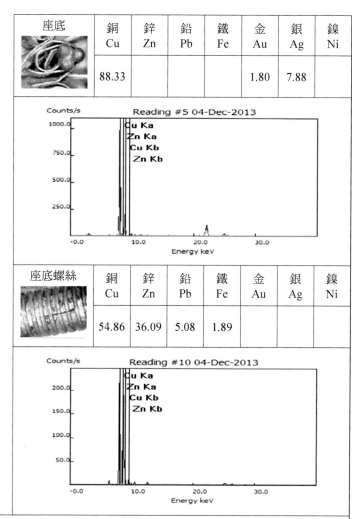

座底	銅 Cu	鋅 Zn	鉛 Pb	鐵 Fe	金 Au	銀 Ag	鎳 Ni
	88.33				1.80	7.88	

座底螺絲	銅 Cu	鋅 Zn	鉛 Pb	鐵 Fe	金 Au	銀 Ag	鎳 Ni
	54.86	36.09	5.08	1.89			

註：序號 06 之數據為筆者於 2013 年參與本校博物館暨古物維護研究所承辦屏東縣客家
文物館藏文物修護案，由所方協助筆者進行檢測的結果。

附件三　田野訪問紀錄

附件三-1　臺南市張虞廷墓訪談資料

訪問日期：2011 年 6 月 16 日

訪問時間：13：50～15：10

訪問地點：杜公館

受 訪 者：杜百川先生

訪 問 人：盧泰康教授、廖伯豪

記 錄 人：廖伯豪

Q1：是在甚麼機緣下發現這一座墓？

（1）墓葬原來位屬於一座土丘，原地主想要把土地整平來做土地測量，以做為其它用途。

（2）在剷平土丘的過程中，「朝議大夫」字樣的墓碑露出來被撿骨師看到，才發現這座墓葬。

Q2：當時發現的日期？

（1）民國 96 年（2007）10 月至 11 月之間。

Q3：墓葬地點的地緣關係與概況

（1）此區域現為私有地。

（2）這個區域古墓約有一百多坐，可見清代墓葬其中大多以無碑墓較多。

（3）墓葬地點大概靠近喜樹（今臺南市南區）。

（4）地點在今永安街一帶

（5）原址附近早期沒有人居住，也沒有實際的地名。

（6）當地的耆老都知道這個區域原來是墓葬區。

（7）原區域過去也常見人家人濫倒砂石，整塊區域就這一邊的墓葬區沒被干擾到。

（8）現在成為灣裡喜樹蔬菜特區，以蔬菜種植為主，所以周邊可見菜田。

（9）灣裡附近也有發現過古墓，其位置與喜樹相鄰。

（10）目前墓葬原址已是雜草叢生。

Q4：鄰近墓葬出土狀況與處理方式

（1）周圍墓葬大部分都是出土手環或玉環。

（2）也有出土像是墨斗之類的東西，或是出土銅鏡、髮簪。

（3）受訪者家中亦收藏一面古銅鏡（直徑 10.2cm；厚約 1～0.8cm），是為陪葬品，發現自一座合葬墓，疑似為妻妾墓。

（4）當地發現的古墓皆請撿骨師到現場處理。

（5）每具骨骸出土必須個別分裝，以防攪混在一塊。

（6）將此區域的墓葬清除完畢大概花費一至兩個月。

（7）出土文物一般由怪手駕駛或者是撿骨師自行取走。

Q5：發現時整座墓塚的概況（墓葬格局、型制、是否為三合土澆漿、有哪些石質葬具）？

（1）張虞廷墓原位於一座近七、八層樓高的山丘上。

（2）山丘上頂上原有一座軍事碉堡，而墓葬則埋藏於山丘的三分之一處（近山腰）。

（3）原墓址上方有一棵古樹，當地耆老都說這顆樹在他們小時候就存在了，所以發掘前即可推測此座墓葬年代是在國民政府遷臺之前。

（4）整座山丘土質為砂質土，經長年風積而成為砂丘，亦因此將古墓給掩埋。

（5）在開挖之前也從來沒人知道這座山丘有墓葬。

（6）墓碑出土時有字一面朝東，墓主頭向朝西。

（7）棺槨形式為最外層是一層薄的三合土（白灰）厚度約 5cm，第二層為條磚層（條磚長約 25cm、寬約 8cm），以上兩層皆完整包覆棺木。第三層

才是棺木，棺木的木材還有些許保留，但不知其材質。

（8）三合土的顏色為灰白色，質地非常堅硬。

（9）這一種埋葬形制較為罕見，不同於一般單純以三合土澆漿而不鋪條磚的墓葬形式。

（10）整個墓葬由東開使排列其結構為：墓埕（寬約 15m、長約 20m）、墓桌與墓碑、棺木。

（11）墓桌與墓碑出土時仍完整安放在原來位置，其它的石質構件可能因為清理砂石而回填因而無法追溯期保存狀況及形貌。

Q6：當時是用何種方式進行墓塚的開挖作業？

（1）採依序推進的方式，將清除的草木分別堆放，鏟除完草木再開始清除沙土。

（2）將木麻黃鏟除後，將周圍的砂土清除，沙子逐漸流失，最後才讓墓碑露出來。

（3）怪手從半山腰開始一筐一筐的挖，因此砂土就會不斷從上方一直流失塌陷。

（4）挖土的過程中撿骨師就會繞著山丘巡過，以防砂土整個塌陷下來阻礙撿骨工作的進行。

（5）當墓碑露出時，依據自己的經驗預估墓葬的規模，預留適當的距離使用 12～14 噸的怪手從兩邊清土。

（6）因為墓埕規模太大，超出怪手司機的經驗，在清土時仍然破壞到墓埕的結構。

Q7：可以描述一下從墓塚一直開挖到棺槨的過程？

（1）墓葬最初完全被砂土掩埋。

（2）墓的中央上方原有一棵大概要兩個人才能抱住的木麻黃。

（3）將木麻黃鏟除後，將周圍的砂土清除，沙子逐漸流失，最後才讓墓碑露出來。

（4）發現墓碑時曾一度聯絡國立故宮博物院，但院方不受理，請業主自行處理。

（5）等待回應的過程中曾一度停工，按工程的規劃應該要直接推進，業主最後先跳過山丘將周邊的區域先行整理。

（6）確定故宮沒任何回應，以及工程進度的考量下最後開始進行山丘鏟平的工作。

（7）將墓龜周圍的土清開，從棺槨的兩旁開始揭，先用怪手輕輕的在三合土棺槨最上面，分做前中後三個定點輕敲，最後再用人力把大塊的碎塊抱走，以免碎塊掉到棺材裡面。

（8）開棺後的撿骨與取出文物的工作由撿骨師執行，受訪人則隨時陪在旁邊協助，全程費時約一兩個鐘頭。

Q8：棺槨打開時裡面的情況（棺木的型制是否為木質、墓主的頭向、葬姿與衣著穿戴、陪葬品）？

（1）棺木沒有爛光，受訪人認為可能是密封完整的關係。

（2）揭開磚層以後，可以看到墓主穿戴整齊，採仰身直肢葬式，頭向朝西。

（3）墓主腳部的位置有一塊保存完整且摺好的布料，材質疑似絲綢，是為棕色。

（4）墓主身上衣著織品大致從腰部以下都爛了，所以較無法辨識補服內的衣著為何種形式。

（5）墓主的皮膚都已腐爛，發現的時候只剩下人骨並著官服，並頭戴官帽（疑似斗笠帽）帽上置有頂戴，並配有翎管。

（6）棺木中有兩頂官帽，另一頂亦擺放在靠近頭部位置，帽上各置有頂戴、朝冠頂，兩頂皆配有翎管，管上插有花翎，疑似藍色帶眼的孔雀羽毛。

（7）有藍色玻璃頂珠的頂戴在出土時還算完整，但被撿骨師的小孩拿去把玩而遭到毀損，玻璃珠也因此破裂。

（8）官服胸部位置見有補子一塊，但有三分之一已經腐爛，但受訪者已對上面的紋飾沒有太大的印象。

（9）出土時朝珠散在墓主的胸前，白色的串珠都已鈣化。

（10）出土的布料或朝珠並不會馬上灰化，除非是刻意踩躪或者是捏壞，一般狀態下應該是可以小心翼翼取出。

（11）墓主的陪葬品中也有一件類似溥儀戴的眼鏡。

（12）出土的銀幣約有六枚，皆從墓底取出，取出時皆為黑色，約略能辨識紋飾。有三種紋樣：日本龍銀、墨西哥銀、西班牙雙柱銀。

（13）棺木裡也陪葬四十至五十枚的銅錢，其年號包括康熙、雍正、乾隆、嘉慶、道光、咸豐、同治、光緒等朝。

（14）受訪人提到撿骨師認為墓主的體格太過嬌小、骨頭顏色偏暗。

（15）因為在取文物的時候受訪人都是在旁邊幫忙，所以無法準確指出出土文物實際擺放的文物位置。

Q9：現場如何處理這座墓葬？

（1）現場出土的條磚以廢棄物的方式採取就地掩埋，所以現在也找不到。

（2）文物皆由撿骨師一一取出。

Q10：現場是否還有物件尚未取回（如何處理）？

（1）其餘墓主衣物以及墓葬構件皆就地掩埋。

（2）受訪人有提及曾有發現一件已經嚴重鈣化之玉器，因此無法辨識其形貌因而就地掩埋。

附件三-2　埔里潘踏比厘傳世文物訪談資料

訪問日期：2014 年 07 月 20 日

訪問時間：14：00～16：30

訪問地點：潘公館

受 訪 者：潘怡宏先生

訪 問 人：廖伯豪

記 錄 人：廖伯豪

Q1：關於潘踏比厘遺物的流傳過程

廖：請問潘踏比厘的遺物是如何傳到您的手裡？

潘：潘踏比厘一直就住在我們家，他的遺物我們家就一直代代相傳，就父親
　　傳給兒子、兒子再傳給兒子這樣……。

廖：您平輩當中還有其他兄弟姊妹嗎？

潘：有

廖：那您算長子還是？

潘：不是，是因為就我們家兄弟姊妹來算的話，我的小孩算是長孫。

廖：所以主要是傳給長孫就是了？

潘：對

廖：可以跟我解說一下潘踏比厘一直到您這一代的世系關係嗎？

潘：那可能要看一下族譜，我查一下我們的家族網站，我們以前的紙本在我
　　父親那邊。潘踏比厘（頭番 Dawai，1828～1917）的長子是潘阿敦，潘
　　踏比厘共有兩男兩女子女，東西是傳給潘阿敦（Ahtun Dawai，1847～
　　1917）。潘阿敦後來有生下兩姊妹，這兩姊妹看到有虛線，所以不是親生
　　的，應該是收養的，可能潘阿敦自己沒有生。潘阿敦有兩位太太，第一
　　個（潘清海）收養潘阿都汝，第二個（潘氏里）收養一男一女，男的叫潘
　　仕杰（本名：潘阿踏歪 Adawai，1868～1936）、女的叫潘阿却，我們是跟
　　第二個老婆潘氏里所收養的潘仕杰這一脈下來的。

廖：所以就從潘士杰繼續往下傳？

潘：對，所以東西就到男的這邊來，潘士杰就是我的曾祖父，然後又生下我
　　的祖父潘明文，他有兩個弟弟，所以潘明文是老大。潘明文下來又生了
　　一個男的再生三個女的後又生一個男的（潘登福，1918～1918），不過出

生後就夭折了。再下來生第三個男的就是我爸爸（潘再賜，1920～），爸爸下來又生四個男的一個女的。前面之所以沒傳給老大（潘登貴，1908～1968）是因為他的兒子一出生就夭折了（潘新雄，1934～1934），剩下都女的，所以東西就沒傳到潘登貴這邊，就直接傳給潘再賜。潘再賜生下五個兒子一個女兒，女得不用說，我大哥（潘禎祥，1950～1953）夭折、我二哥（潘金聲 1952～1997）他沒結婚，三哥（潘耀堂，1954～）也沒結婚，所以就輪到我，我這邊就有一個長孫，因為我生了一個兒子，所以東西就到我手上來了。

廖：所以這批東西是在您生下兒子以後，才正式傳過來這裡。

潘：對，不過當潘耀堂將來哪一天娶了老婆，生了兒子，東西還是要還回他那邊。

廖：這樣就釐清出一個傳承的模式。

Q2：關於潘踏比厘墓葬與傳世文物概況

廖：所以這批文物在潘踏比厘過世時就沒有一起入葬就是……

潘：沒有

廖：祖先是用火化的方式嗎？

潘：沒有，就是土葬。當年最早是一個長條的土塚，然後立有一塊石碑，裡面的棺木就腐爛掉了。

廖：所以這批東西就沒跟著一起陪葬？

潘：對

廖：所以潘踏比厘的墓現在還是在埔里就是了？

潘：是，原先是各個祖先各葬各的位置，然後到我爸這一代時，他們就把祖先們的墓重新集中起來，合蓋一個新墓。

廖：最後遺骨是放在罈子裡面？

潘：對，然後再合葬一起。

廖：潘踏比厘在遷葬時你們有發現到其他遺物嗎？

潘：沒有，當初所有東西都沒有跟著入葬，都是直接傳下來的。不過好像撿骨的時後有看到一件玉環，有點忘了

廖：想要確定這一點的原因，是因為就我目前調查到的案例，有些家族會把遺物與墓主陪葬，亦有直接傳承給後代的。

潘：現在你看到我們家的東西都不是陪葬的。

潘：我們後來就是蓋了一個家族墓，把祖先的遺骨都集中在裡面，要不都這裡一個那裡一個。我爸就在 1991 年，民國八十年的時候蓋了一個家族墓，就通通把祂們給集中，比較方便祭拜，然後就刻了一個碑，註明裡面有誰，從潘踏比厘開始放，還有他的妻子，再他大兒子，然後我曾祖父，我祖父，因為我爸還在世所以他就先把名字刻著，等到放進去了以後才會填上顏色。

廖：除了這件帽頂外，以前家中是否還有看過其它樣子的帽頂，例如像高塔狀？

潘：你說的那種我是沒看過

Q3：潘踏比厘於巴宰族裡的關係及角色

廖：所以潘踏比厘在族裡算頭目嗎？

潘：不是，他只是剛好有帶官職而已，因為有官職，所以在族裡還是有一定的地位。

廖：所以就扮演聯絡漢人的角色。

潘：族裡頭跟漢人有甚麼糾紛，就會請他出來排解，很多。我爸說以前小時候常看到很多人常到家裡面來，他當時已經沒有清朝的官職，而是日本的官職，當時日本給他埔里參事後來一直到總督府的參事，他還是在地方上跟政府的關係還是很密切的，常常看到很多族人遇到甚麼糾紛也是會跑來我們家，就要找他出面。不管是要跟日本政府要求甚麼，或是跟漢人之間的買賣交易有甚麼問題，也會來找潘踏比厘。

廖：由他總裁就是。

潘：對，反而不會去找埔里社的社長，應該相當於埔里鎮的鎮長，不會去找地方父母官，就來找我們，畢竟又是同族族人。以前聽我爸說小時後常看到很多人拜託請他出面排解。

廖：當時巴宰族的頭目與潘踏比厘之間在族裡又是怎樣的關係？

潘：沒有關係，所謂的頭目是我們族裡非常尊崇的一個職稱，如果說參事或千總，那又是另外一個系統，跟族裡頭就完全沒有關係。

廖：所以處理的事務也完全不一樣？

潘：實際上除了族裡的大事是要頭目決定，但說不定頭目輩份還比潘踏比厘小，所以有甚麼事還是要諮詢尊重一下資深的人，但不一定要照他的意思。因為在族裡頭還是有族裡頭的規矩，所以還是會禮貌性的徵詢意

見。但潘踏比厘不能作決定，還是要由頭目來作決定。例如說要出去打獵，要招集族裡頭壯丁，幾歲以上的，家裡頭有多少人口以上的，規模要多大，都是頭目要決定。因為我們族裡吃的喝的都是共享共有的，一條河理的魚是大家的，哪天要補魚時，分配每家出幾個人手工作，補完的魚全村分，有點像是人民公社共產的方式，不能私有。上天所賦予的資源都得共享，不管打獵回來的鹿數量多或少，都得平分，家家戶戶都有，攤在廣場上由頭目來分，這就是頭目的職權，就不是千總的工作。千總的工作就是跟清廷官方的互動，這是不一樣的系統。

Q4：潘踏比厘的獲官歷程

廖：潘踏比厘如何獲得了清代的官銜，清廷為何授予他職銜？

潘：這個就很好笑了，但是無可考，是家族傳下來的說法，就姑妄聽之，清朝還有這樣胡塗的事情我想也不至於。當初清廷要招募武官，有一些考試項目，其中一個就是比武，但是把總之前還有一個官職，就是要考最基層的武官，是要測試搏擊、搏鬥的。據說真正要考的人不是潘踏比厘，而是另外一個人 A，因為 A 要去考，所以一群族人去給他壯聲勢。潘踏比厘也是隨行其中一位，去到現場後，A 看到現場每個都身強體壯，結果落跑了，可是都已經報名，而且考官都唱名潘踏比厘這個名字了，都一直沒人，最後旁邊的人才拱潘踏比厘上去頂，最後就打上去，最後就取的職位。所以為甚麼族譜上面他還有一個名字叫 Dawai，這才是他的本名，而不是叫 Dabili，所以我們才括弧頭番 Dawai 是他的本名，所以潘踏比厘是另有其人，只是 Dawai 冒名頂替了潘踏比厘的名字。

附件三-3 屏東縣江昶榮進士傳世文物訪談資料

訪問日期：2014 年 1 月 6 日

訪問時間：10：00～10：30

訪問地點：江公館

受 訪 者：溫蘭英女士

訪 問 人：廖伯豪

記 錄 人：廖伯豪

Q1：江家後人針對江昶榮遺留的資料整理？

溫：江昶榮進士在當時算是為地方做了很多事，所以後來也為江氏建了紀念
碑，這本（指《江進士詩碑落成紀念專刊》冊）裡面主要是收錄江氏的
文章。還有另一本《前清進士江昶榮公遺稿》，內容單純為詩集，是我公
公（江錦旺）收錄的。應該是他以前也聽過他叔叔，就是後來當醫生那
位說過先祖的事跡，才知道當時是在怎樣的情況下寫出這些詩，等於是
詩的解釋啦。

Q2：江昶榮與後代的關係？

廖：所以醫生算是江昶榮的……？

溫：這麼說好了，江昶榮兒子是秀才，秀才又生兩個兒子，一個是醫生（移
居美國），一個是我丈夫的祖父（務農），他的兒子就是我公公，我公公
是民政科課長，生了三個兒子一個女兒，也就是我們這一輩。後來江進
士的孫子，就是那位醫生，後來移民到美國，不過在美國好像也沒有過
得很好，下面兩個兒子都取有錢人家的老婆，主要經濟來源多靠媳婦娘
家接濟，後來子孫也對父親那一邊的事（往事與歷史）也漸漸忘記了。
所以根本也不清楚曾祖輩是進士，就剩我們這邊一直提，以這件往事為
榮。

廖：也因為如此這些文物才得以保存吧。

Q3：關於江昶榮硃卷

溫：之前就那醫生比較懂這些東西。現在我們可以說是責任重大，因為要好
好守住這些東西，找到比較好的保存環境，其實還蠻累人的。現在我手
上還留有一些硃卷，都是正本，想說你是因為學術要使用，一般是不隨

便給人看的。這是他考鄉試時候的考卷，進士考卷則沒有留下來，可能是當時沒發還給他們。當時鄉試考上才能進京考進士，這個板子即是考完後發還下來製成印版，以前都是整版整版印的。後來我們有再把他拓印出來，現在就僅剩下這一本。以前我又是經過我公公的同意再拿去影印，從試卷內容可以看到以前人都會追溯考生上五代下五代的，有榮譽的時候會追封三代，得罪皇帝就誅及族人。

廖：就是現在所謂的連坐法。

溫：古代人都會把上一代的名諱記錄下來。

廖：所以當時做這印版就是為了提供範本，給未來的考生做考試準備的參考嗎？

溫：對呀，就像參考書那樣。我之前蠻常在國語日報寫專欄，很多人可能都聽過硃卷但都不知道是甚麼樣子，之前有一位學生在寫博士論文時我有拿給他看，要不一般人我就不會隨便拿出來。像現在要拍這些印板子不好拍，因為有油墨會反光。

廖：可能要使用測光試看看。

溫：用光好像都不大好，因為他是木頭做的，環境的溫度濕度都對它有影響，之前有博物館來借展，他們好像都不懂這些事，可能也不知道我是東西的主人，隨便拿起來就用閃光燈拍，後來我把東西收回來了。東西要拍照可以拍，但是別用光，要不每個人都這樣拍，東西會壞很快。那時候東西（文物）只有借它們（屏東縣客家文物館）展，並沒有說正式捐，後來看到它們的典藏環境不好，所以才把部分文物收回來。

Q4：能大致說明一下當時文物流傳的經過嗎？

溫：承如剛剛所提到的後來去美國的那位醫生，他之前是臺大醫學院畢業，可能因為知識水平比較高，知道這些東西很重要，大約民國 40 幾年移民美國的時後，就把江昶榮的遺物帶走了。後來再傳孫子，他孫子剛好也跟我們同輩，對這祖先的東西也比較不熟悉，就打電話回來問我們要不要去美國拿。一開始我公公很想拿回來，但當時我們經濟能力比較不好，也沒辦法去美國，去也不是只有一天兩天。後來他們就寄了一批回來，後在近五年內時借給屏東縣客家文物館，可是當時沒任何的書面合約甚麼的，感覺很不嚴謹，後來展示陳列的地方環境也很糟，可能不是他們的東西吧，所以我就決定把官帽跟硃卷拿回來。他們才趕緊正式跟

我簽文件，剩下沒拿回來的文物就捐給他們（館方）了。加上我們年紀也大了，也沒力氣再去研究江進士的資料，我先生又是工科的，所以就算了。早期就我公公算是非常用心在整理跟記錄江昶榮的文獻資料，後來他老人家過世了以後（民國 88 年），我才接手傳承這些資料。

Q5：民國 79 年樹德的鄭慧玟曾到江家進行訪問，她後來在六堆風雲有發表關於江昶榮遺物的報導，裡面還有江昶榮的拆信刀、馬蹄袖的長袍、荷包等，目前還知道文物的下落嗎？

溫：很久以前了，有點不大記得，當年訪問的時候，應該我公公都還在世，目前我所知道的文物都已經捐給屏東縣客家文物館了。

廖：所以到妳們就都一直住在屏東市嗎？

溫：以前老家在鄉下（屏東縣內埔），現在就只有土地沒有房子。

附件三-4　大甲草帽編織技術訪談資料

訪問日期：2014 年 3 月 2 日

訪問時間：15：00～16：00

訪問地點：蘇宅

受 訪 者：蘇足　女士

訪 問 人：廖伯豪

記 錄 人：廖伯豪

Q1：關於阿嬤與藺草？

廖：請問阿嬤貴庚？

蘇：我 1939 年生（昭和 15 年；民國 28 年），那時候剛好是二戰的時後，四歲的時後我哥哥被調到南洋打仗，後來戰死海外。

廖：請問阿嬤甚麼時後開始學編藺草帽？

蘇：在我還是小孩子的時候就已經開始編，在日本時代，我們大甲跟苑裡主要以生產草帽跟草蓆為主，因為藺草有獨特的香氣，所以做出來的草蓆與帽子很受日本人喜愛，小時候就要跟著大人一塊編，然後一直編到現在。現在小孩孫子都大了，平常沒事在家裡我還是會編草蓆或帽子等手工藝打發時間，固定時間市區的帽子店都會有人來收購。

廖：您編織用的藺草原料是哪裡來的？

蘇：早期苗栗苑裡跟大甲都有藺草的種植，現在種的地方跟以前少了很多，苑裡山區跟平地交界的地方還有零星在種。

Q2：關於大甲草帽與清代帽胎的工藝差異？

廖：藺草在編織前需要處理嗎？

蘇：當然要，藺草帶回來後要曬乾，由於完整的草支剖面是成三角形，所以曬乾後還要用針剝成不同寬度細絲，草絲的寬度我們稱「目」，目數越低，草絲的寬度越窄，編織出來的帽子跟草蓆會越細膩平整，相對也較費工，所以成品單價也比較高。

廖：因為我現在進行清代的官帽研究，在當時有一種帽子，外形長得像斗笠，古代文獻說它也是用草編的，今天帶了一些照片跟樣本，想請您幫我看一下這是不是用藺草或是其它草類編成的，還有在您小時候有沒有看過類似的編法。

蘇：這種帽子編得非常細緻，就質感來說應該不會是藺草，它的編法跟大甲藺草帽的編法不太一樣，我們編藺草草帽會採人字形的編法起帽底，然後順著一個方向呈放射狀由上往下編，最後還要在帽簷邊緣收編。這種帽子（指清代羽緱帽胎）用得好像是藤之類的東西，用一根藤條作蕊順勢盤繞，然後再用另一條細扁條在上下蕊間交織纏繞，由上往下或由下往上一直盤下去，到帽緣處也沒特別收編，整個帽胎緻密平整，古代人還蠻厲害的，可惜以前好像沒看過這樣的編織方式。不過在製做帽子時，由於每根編織用的藺草或者是其它藤草長度都有限，所以在編織時絕對都會都有接草的隙縫，你這頂帽子在陽光下看也可以看的到，光線就會從接縫中穿過。

廖：那清代這種笠帽胎會是直接徒手編織的嗎？

蘇：依照我的經驗，這種輕薄的藤草編帽一定得用模子支撐才能編得出來，要不很容易變形，我們在編草帽時都得用模子，完成時還要將帽子在模子上用拍子拍打整形，我想在當時應該也是用類似的方法。另外，草帽剛完成時都是很柔軟輕薄的，一定還要再加工，大甲草帽編成以後還有上膠或施薄臘的加固工序，這樣出來的帽子才會比較堅硬，這件清代的笠帽編織這麼細膩還可以保存到現在都不變形，應該也是表面塗上類似東西的緣故。

附件三-5　臺南市金足成鉑金珠寶訪談資料

訪問日期：2014 年 8 月 6 日

訪問時間：13：00～14：00

訪問地點：金足成鉑金珠寶

受 訪 人：許銘仁先生

訪 問 人：廖伯豪

記 錄 人：廖伯豪

Q1：關於金足成鋪號由來？

許：今天老闆有事出門，稍早有打電話給他，就由我代為受訪。

廖：我想請問該公司的名字是從何時有的？

許：我們這家公司已經創立 70 年了，我有問過我們老闆，他說「金足成」的
招牌是當時買過來的，因為臺南市內的金銀店的招牌必須立案，所以早
期創立時便買了這塊招牌，所以在此之前這個名字的前身或店家狀況可
能比較不可考，但是這塊招牌可以確定是老的。

廖：那有當年的賣家聯絡方式或知道是何人嗎？

許：應該不知了，因為年代太久遠，而且現任老闆也距創店時已傳了幾任，
我們老闆都五十來歲了，且聽說當時原來招牌主人應該也是經營不下去
才將招牌轉讓。那個一代的人很多都已經不在世了，既使有後人，事隔
幾個世代，也應該不清楚早期的狀況了。

Q2：現在金足成所經營項目為何？

廖：目前店內經營的項目是？

許：目前公司生產白金類的金屬加工的上游廠商，接受臺南或是全臺各地銀
樓的訂單，主要製作鍊子、戒指、金牌等，所以坊間的珠寶銀樓都會知
道我們的招牌，有點算是夕陽產業。但是受到國外名牌珠寶商在百貨公
司設專櫃的競爭，傳統訂做金銀首飾的市場隨著時代變遷，需求量也有
限。目前為求轉型，也有從事仿作名牌精品手飾，價格相較專櫃低廉很
多。

廖：這是我們在臺南南區一座古墓發現的清代帽頂，上面見有金足成的店
戳，在古代文獻中也提到臺南市今忠義路與民族路、民權路交叉一段在
日治時期是一條打銀街。因此想試著找看看是不是有聯繫，這可以幫助

我釐清這件帽頂是不是臺灣做的，還是大陸那邊進口近來，結果就這樣收尋到你們的招牌。

許：那很有可能在我們買到這塊招牌之前這家店原先是作銀器的，但轉移到我們這邊後就開始轉作白金。我之前在武廟（祀典武廟）好像就有看到人家那種捐錢的石碑（捐題芳名碑）上刻有金足成的名字，可以去看一下。

廖：好的。

Q3：關於金足成與臺南金工產業

許：不過話說回來，你說這個墓在南區，很剛好臺南市早期最主要的製作金銀器的重鎮也都集中在南區還有我們這裡，很多臺灣的銀器或金工師傅都是從這邊擴出去的。

廖：聽說茄定那邊也有金工產業？

許：茄定、灣裡一帶，大概就是南區還沒到高雄那邊有很多廢五金回收工廠或金飾加工廠。

廖：你們有店面嗎？這間看起來比較像小廠房。

許：20 年前我們有店面，後來收掉轉為做幕後上游製造廠商，因此現在看起來比較低調，畢竟是做貴金屬加工。

許：這件帽頂真的很細緻，上面還有鏤空雕刻，不講很難以想像是清朝的東西，它的年代是？

廖：墓碑上是寫光緒甲午年，剛好是清末臺灣要準備進入日治時期。

許：那真的很有可能，可惜隔了這麼多代，我們目前知道的訊息也頂多在 60 年代以後，更早的訊息也因為老一輩的人都不在了，也比較不好追溯，很抱歉只有這些小資訊，但請你參考看看。

廖：非常謝謝您。